INHALTSVERZEICHNIS

1 Das Problem des Weltbevölkerungswachstums an der Schwelle zum 21. Jahrhundert

1.1 12. Oktober 1999: "Tag der 6 Milliarden"

Handelsblatt 12.10.99   Von SABINE HAUPT

Der sechsmilliardste Erdenbürger
Getrübte Freude

Willkommen auf dem Planeten! Heute soll es so weit sein, errechnen die Uno-Experten. Der sechsmilliardste Erdenbürger erblickt das Tageslicht. Dass er ausgerechnet in Sarajewo geboren wird, liegt nur an den Reiseplänen des Uno-Generalsekretärs. Gerade der Geburtsort entscheidet nun über seine Lebensperspektive. So wird der Rekordhalter in Bosnien zwar noch die Narben des Bürgerkrieges spüren. Aber er wird eher die Früchte der Globalisierung ernten können als etwa ein Mitjubilar in Nairobi, der den Wohlstand nur von unten sieht. Denn sicher ist: Mit der nächsten Milliarde öffnet sich die Wohlstandsschere weiter. Zwar ist das Bevölkerungswachstum auch Triebfeder für Fortschritt, für ressourcensparende Techniken. Aber je mehr Menschen unseren Planeten bevölkern, desto stärker wird die Umwelt mit Füßen getreten.
Das alles war einmal großes Thema: 1994, beim Weltbevölkerungsgipfel in Kairo - für unseren neuen Erdenbürger nur noch Geschichte. Damals wurde der ideologische Streit endlich beigelegt, ob nun erst die Armut und dadurch das Bevölkerungswachstum bekämpft werden solle oder genau umgekehrt. Künftig wollten die Regierungen pragmatisch vorgehen, das heißt mehr für die Frauen tun, damit diese nicht allzu oft Mutter werden. Auch was das kostet, errechneten die Uno-Experten. Die Regierungen versprachen zu zahlen, aber dann floss nur die Hälfte von dem, was sie zugesagt hatten. Es war ruhig geworden um das Thema - eine trügerische Ruhe. Denn die Familienplanung von heute bestimmt schon die Bevölkerungsstatistik der nächsten Generation. So sehen wir heute den Erfolg der chinesischen Ein-Kind-Familie". Wäre Peking nicht so rigoros gewesen, hätten wir den Sechsmilliardsten schon vor drei Jahren begrüßen dürfen.

Süddeutsche Zeitung, 12. 10. 1999
Heute ist der Tag der sechs Milliarden
Experten sehen das ungebremste Bevölkerungswachstum mit Sorge
New York (dpa/AP) - Jeder Erdenbürger wird an diesem 12. Oktober nach UN-Berechnungen 5 999 999 999 Mitmenschen haben. Die Vereinten Nationen haben dieses Datum zum "Tag der sechs Milliarden" erklärt. Die meisten Experten betrachten die Zahl mit Sorge. Sie befürchten Kriege, Hunger und einen wirtschaftlichen Zusammenbruch, falls die Menschheit der Bevölkerungsexplosion nicht Einhalt gebietet. In nur zwölf Jahren hat sich die Weltbevölkerung um eine Milliarde vergrößert. Während des 20. Jahrhunderts hat sie sich verdreifacht. Doch nicht jeder ist angesichts der sechs Milliarden Erdenbewohner gedrückter Stimmung. Dem Wirtschaftswissenschaftler Stephen Moore vom Cato Institut in Washington ist eher nach Feiern zumute. "Es ist einfach unglaublich, dass wir sechs Milliarden Menschen haben", sagt er. "Das ist ein wahrer Tribut an den menschlichen Einfallsreichtum. "

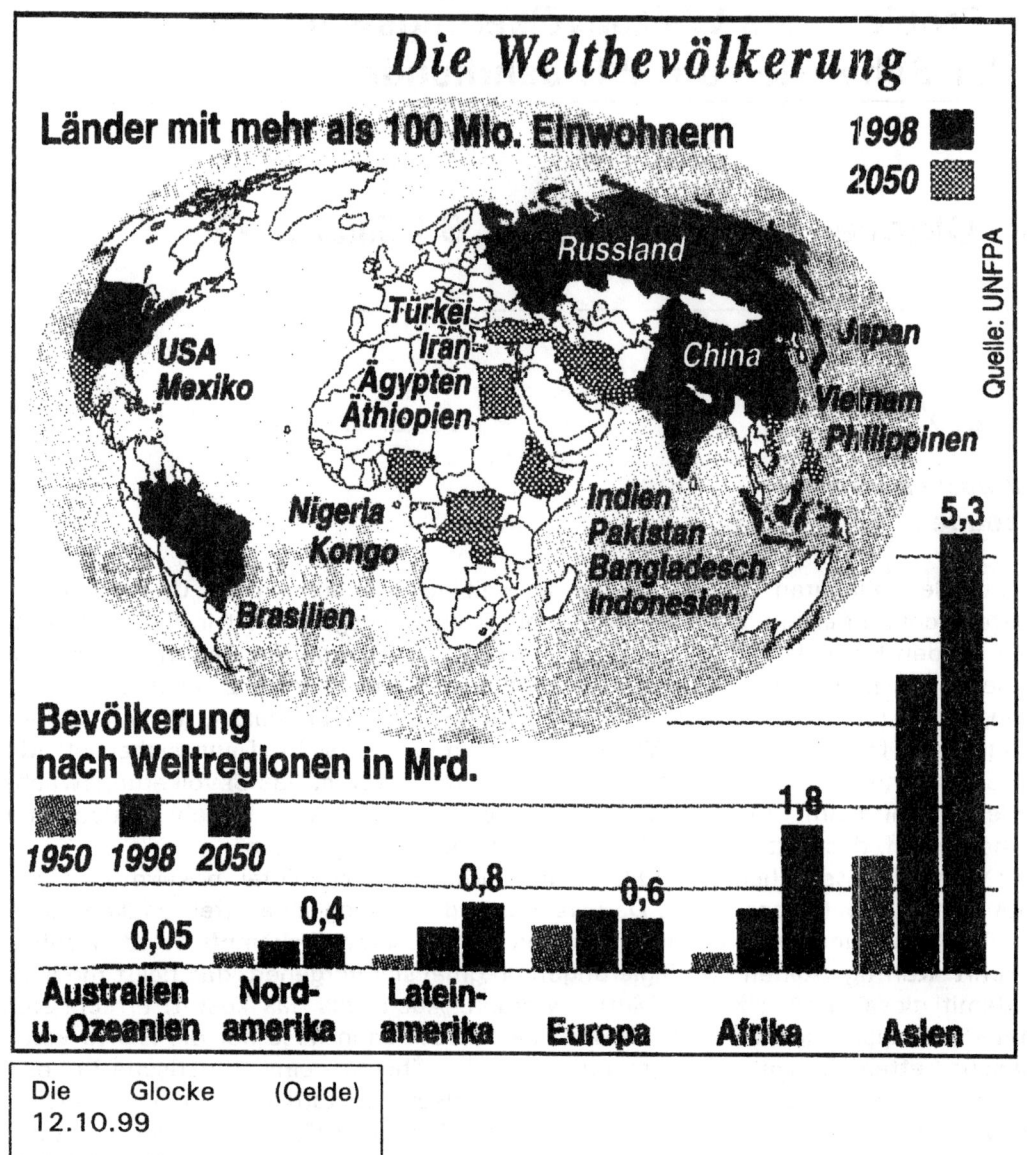

Die Weltbevölkerung

Länder mit mehr als 100 Mio. Einwohnern 1998 ■ 2050 ▨

Quelle: UNFPA

Russland, Türkei, Iran, Ägypten, Äthiopien, China, Japan, Vietnam, Philippinen, USA, Mexiko, Nigeria, Kongo, Indien, Pakistan, Bangladesch, Indonesien, Brasilien

Bevölkerung nach Weltregionen in Mrd.

1950 1998 2050

Australien u. Ozeanien	Nordamerika	Lateinamerika	Europa	Afrika	Asien
0,05	0,4	0,8	0,6	1,8	5,3

Die Glocke (Oelde)
12.10.99

Die Welt 12.10.99   VON CLAUDIA EHRENSTEIN

Der 6 000 000 000. Mensch
Heute wird er geboren - Bevölkerung wächst langsamer, aber es gibt keine Entwarnung

New York - Joseph Chamie von der Bevölkerungsabteilung der Vereinten Nationen versteht es, mit Zahlen zu jonglieren. Als Jesus vor 2000 Jahren nach Jerusalem kam, lebten 300 Millionen Menschen auf der Erde. Als Kolumbus 1500 Jahre später Amerika entdeckte, waren es gerade mal 200 Millionen Menschen mehr. Als 1969 der erste Mensch den Mond betrat, war die Weltbevölkerung bereits auf 3,6 Milliarden angestiegen.

Heute nun soll nach UN-Schätzungen der sechsmilliardste Mensch geboren werden. "Das ist natürlich ein symbolisches Datum", sagt Nafis Sadik, Direktorin des UN-Bevölkerungsfonds (Unfpa). Und überdies ein Grund zum Feiern. Seit Unfpa vor 30 Jahren gegründet wurde, hat sich die Zahl der Kinder pro Frau im weltweiten Durchschnitt halbiert. Das prozentuale Bevölkerungswachstum hat sich verlangsamt, die Kindersterblichkeit in den Ländern der Dritten Welt konnte um mehr als 50 Prozent gesenkt und die Lebenserwartung um fast 20 Jahre erhöht werden.

Dieser positive Trend dürfe jedoch nicht als Signal zur Entwarnung missverstanden werden, warnt Hans Fleisch von der Deutschen Stiftung Weltbevölkerung (DSW). Noch immer wächst die Weltbevölkerung jedes Jahr um 78 Millionen Menschen. Rund 350 Millionen Frauen haben keine

Möglichkeit, Verhütungsmittel zu benutzen, und bis zu 50 Prozent der 175 Millionen Schwangerschaften im Jahr sind ungewollt. Allein in den Ländern der Dritten Welt sind mehr als 30 Prozent der Menschen noch jünger als 15 Jahre. Von ihrer Entscheidung werde es abhängen, wann die nächste Milliarde erreicht wird, so Fleisch. "Die Menschheit steht vor einer Weichenstellung."

Doch gerade jetzt werden die Mittel für Familienplanung gekürzt. Seit Mitte der neunziger Jahre sinkt der jährliche Unfpa-Etat. Und auch die Bundesregierung hat angekündigt, im kommenden Jahr ihre Beiträge für Familienplanungsprogramme in der Dritten Welt um mehr als 50 Prozent zu reduzieren. Dabei hatten sich 179 Staaten auf der Weltbevölkerungskonferenz 1994 in Kairo geeinigt, jedes Jahr 17 Milliarden Dollar für Familienplanung und Gesundheitsversorgung bereitzustellen. Die Industrieländer sollten davon 5,7 Milliarden Dollar übernehmen. Bislang haben sie knapp zwei Milliarden Dollar pro Jahr gezahlt. Für Professor Klaus M. Leisinger, Bevölkerungsexperte an der Universität Basel, noch kein Grund zur Resignation. Sein Rezept: Wenn das Geld knapp sei, müsse es noch effizienter eingesetzt werden.

Westdeutsche Allgemeine (WAZ) 12.10.99

Erdbevölkerung jetzt bei sechs Milliarden

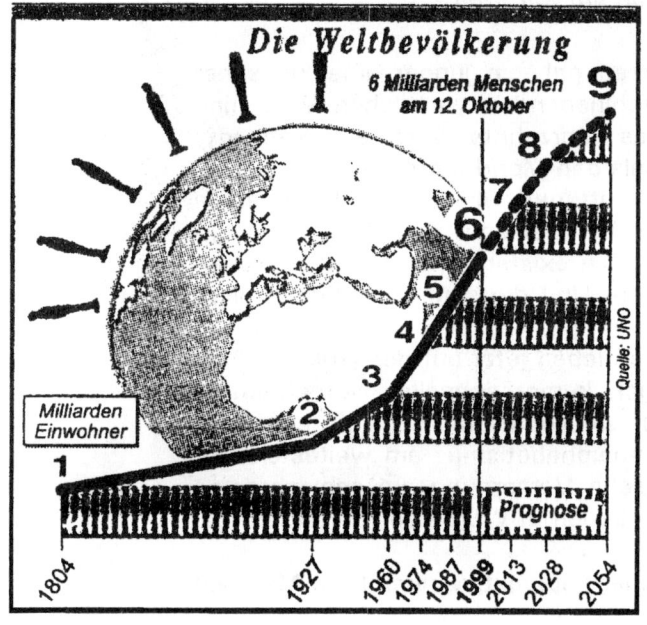

Die Zahl der Erdbewohner übersteigt an diesem Dienstag die Sechs-Milliarden-Grenze. Das haben Berechnungen der Vereinten Nationen ergeben. Experten sind in Sorge wegen dieser Bevölkerungszunahme, zu der es vor allem in den Ländern der Dritten Welt kommt. Entwicklungsministerin Heidemarie Wieczorek-Zeul (SPD) erklärte am Montag in Berlin, Zugang zu Bildung sei das beste Verhütungsmittel. Hintergrund Kommentar: Es reicht für alle.

Westdeutsche Allgemeine (WAZ) 12.10.99

Die Weltbevölkerung wächst, die Erde nicht

Experten warnen vor Hunger und Kriegen

Die Mehrzahl der 370.000 Kinder, die an diesem Dienstag das Licht dieser Welt erblicken, wird in Armut leben. Die Hälfte werden Asiaten sein. Und theoretisch wird eines von ihnen der sechsmilliardste Erdenbürger sein.

Die meisten Experten betrachten diese Zahlen mit Sorge. "Die Bevölkerung wächst, die Erde nicht", warnt die Deutsche Stiftung Weltbevölkerung in Hannover. In nur zwölf Jahren vergrößerte sich die Weltbevölkerung um eine Milliarde. In diesem Jahrhundert verdreifachte sie sich.

Bis zum Jahr 2100 werden "zwölf Milliarden elende Menschen ein schwieriges Leben auf der Erde führen", sagt der Ökologe Pimentel von der Cornell Universität (US-Staat New York). Befürworter der Familienplanung befürchten Kriege, Hunger und einen wirtschaftlichen Kollaps, falls die Menschheit der Bevölkerungsexplosion nicht Einhalt gebietet.

Doch nicht jeder ist angesichts der sechs Milliarden Erdenbewohner gedrückter Stimmung. Auch die UN, die stärksten Befürworter der Familienplanung, entdeckten positive Aspekte des Wachstums. Steht dieses doch für eine gesteigerte Effektivität der Landwirtschaft, geringe Säuglingssterblichkeit und höhere Lebenserwartung.

Die "Grüne Revolution", die in den 60-er und 70-er Jahren die Produktion von Nahrungsmitteln stark ansteigen ließ, scheint inzwischen aber an ihre Grenzen gestoßen zu sein. Die Erträge der Landwirtschaft steigen nicht weiter an, die Produktion pro Kopf fällt seit 1983.

Ein vor fünf Jahren in Kairo unterzeichnetes Abkommen forderte alle Staaten auf, bei der Begrenzung des Bevölkerungswachstums mitzuarbeiten und in den Entwicklungsländern Maßnahmen für die Familienplanung zu unterstützen. Den Industrieländern wird jetzt vorgeworfen, die Zusagen von Kairo nicht einzuhalten. Sie geben etwa zwei Mrd Dollar pro Jahr für die Familienplanung aus, weniger als die Hälfte der in Kairo zugesagten Summe.

Zu 95 Prozent liegt das Bevölkerungswachstum in Afrika, Asien und Lateinamerika. Unterdessen geht das Wachstum in Europa immer weiter zurück. Der Wirtschaftswissenschaftler Moore vom Cato-Institut in Washington warnt: "Wenn dieser Trend 500 Jahre so weitergeht, dann leben noch acht Italiener und drei Iren auf der Erde."

Mett Crenson (ap)

Westdeutsche Allgemeine (WAZ) 12.10.99

Sechs Milliarden Menschen auf der Erde
Es reicht für alle

In den frühen 60-er Jahren gab ein junger amerikanischer Präsident der ganzen wohlhabenden westlichen Welt eine neue Vision. Binnen eines Jahrzehnts, versprach Kennedy, werde der Mensch erstmals den Mond betreten.

Es schien, als lägen Zukunft und Glück des Menschen in fernen Welten. Auch das hat vielleicht den Blick für nüchterne Tatsachen verstellt: Die existenziellen Probleme liegen auf seinem Mutterplaneten. Und die sind noch längst nicht gelöst.

Sechs Milliarden Menschen leben jetzt auf der Erde. Und die Weltbevölkerung wird sich immer schneller vermehren. In Asien und Afrika wächst sie vor allem. Eben dort, wo die Armut am größten, der Analphabetismus am weitesten verbreitet, wo die medizinische Versorgung am schlechtesten und wo die Aussicht, ein Leben in Würde zu führen, am geringsten ist.

Europa ist fern. Aus solcher Perspektive nimmt die Mehrheit der hier lebenden Menschen die Probleme kaum wahr. Daran hat auch das Jet-Zeitalter und der Übergang zur Informationsgesellschaft nicht viel geändert. Und was man nicht wahrnimmt, braucht niemanden zu berühren.

Möglicherweise wird sich das verbreitete Wegsehen schon in dieser Generation bitter rächen. Die „Underdogs" dieser Welt werden sich nicht für alle Zeiten in ihr Elend fügen. Anzeichen gibt es ja schon: „Armutsflüchtlinge" setzen sich in Bewegung.

Der Grund liegt nicht in der Zahl; ob sechs oder zehn Milliarden Menschen - diese Erde hält's aus. Sie kann die Menschen ernähren, sie bilden, ihnen ein Leben in Würde verheißen. Doch das gelingt nur, wenn der Reichtum dieses Planeten gerechter verteilt, religiöser oder politischer Fanatismus gezähmt und ein Wille entwickelt wird, dies auch zu meistern.

Rosig sind die Aussichten nicht. Doch die Chance ist vorhanden.

Rolf Potthoff

1.2 Das globale Bevölkerungswachstum

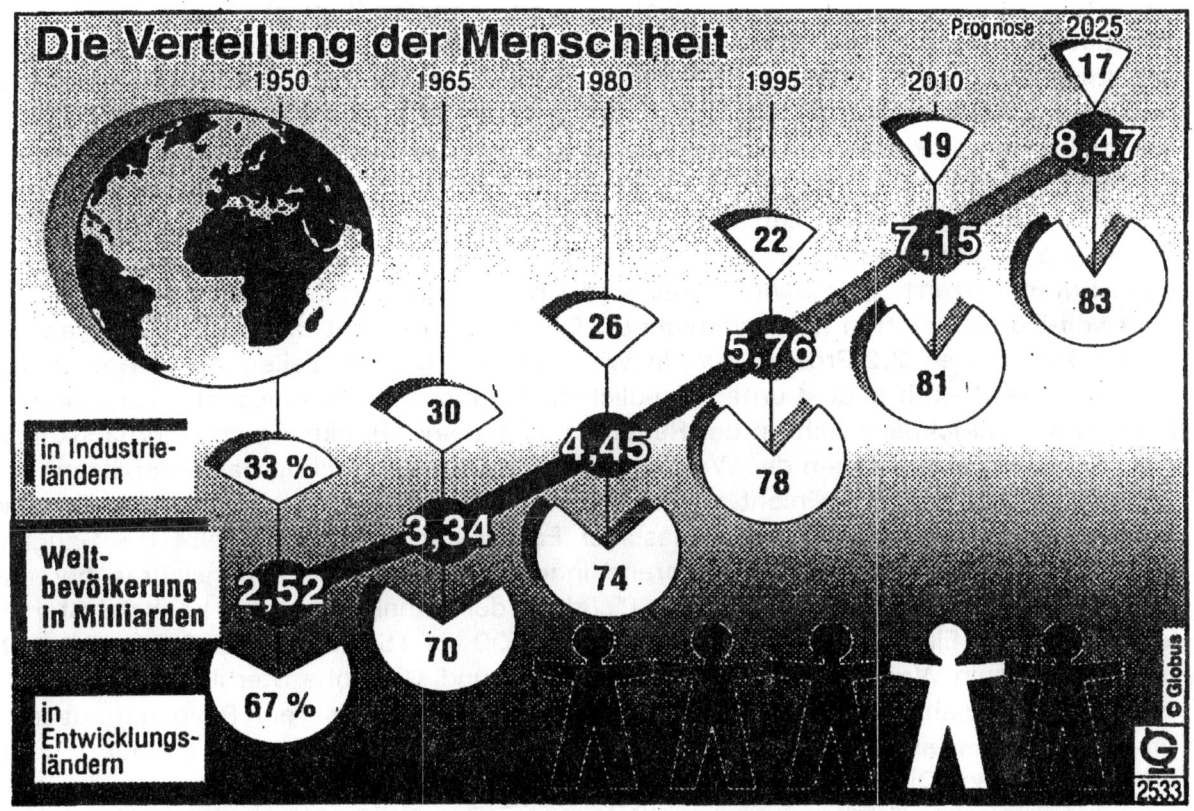

Das Wachstum der Menschheit : in Millionen
Quelle: Globus

	1995	2025 (Prognose)
Asien	3290	4655
Afrika	728	1496
Europa	727	718
Südamerika	482	710
Nordamerika	293	370
Nahost	168	305
Australien/Ozeanien	50	70

Aus Politik und Zeitgeschichte (Beilage zur Wochenzeitung Das Parlament) Nr. 25/1996)
(Ausschnitte)

Josef Schmid :   Weltbevölkerungswachstum: Die Bürde des 21. Jahrhunderts
[...]
Die gegenwärtigen Tendenzen des Weltbevölkerungswachstums lassen sich mit folgenden Kernpunkten benennen: Die Menschheit wächst derzeit jährlich um 100 Millionen
Menschen. Diese Zahl errechnet sich aus Geborenenüberschüssen, die zu über 80 Pro-
zent in den Entwicklungsländern zu verzeichnen sind. Von zehn Kindern werden kaum
noch zwei in den „more developed countries", wie sich schüchtern die Industrienationen
auf der nördlichen Halbkugel nennen, geboren. Im Jahre 1996 wird die Menschheit 5,8
Milliarden zählen und bis zur baldigen Jahrtausendwende auf über 6 Milliarden klettern.
Das jährliche Vermehrungsquantum liegt bei 1,57 Prozent, was schon einen leichten
Rückgang seit 20 Jahren bedeutet im Vergleich zu der Zeit, als - geschichtlich einmalig -
fast 2 Prozent jährlich erreicht wurden.

Dieser Rückgang bezieht sich auf die jährliche Zuwachsrate und bedeutet noch keinen Rückgang der Bevölkerung. Analog dem Zinseszinseffekt wirkt auch in ihr ein Kindeskinder-Effekt und das heißt, dass selbst sinkende Prozent-Zuwächse das Volumen der Weltbevölkerung erhöhen. Um einen Eindruck von diesen Zuwächsen zu geben: China und Indien wachsen jährlich um 31 Millionen, die Europäische Union aus eigenen Geborenenüberschüssen über die Sterbefälle nur noch um 370.000.

Die genannten sinkenden jährlichen Zuwächse sind auf die seit 20 Jahren zu beobachtenden Geburtenrückgänge nun auch in der Dritten Welt zurückzuführen. Ein statistisches Verzerrungsmoment liefert die drastische Ein-Kind-Politik der Volksrepublik China, die alleine wegen dessen Menschenmasse von 1,2 Milliarden die Weltgeburtenstatistik nach unten verzerrt. Seit Jahren nun wird China gesondert ausgewiesen und aus den Drittwelt-Durchschnitten herausgerechnet. Ohne China macht die jährliche Zuwachsrate in der Dritten Welt 2,2 Prozent aus. Inzwischen sinkt in allen Teilen der Dritten Welt die "Fruchtbarkeit" - mit höchst unterschiedlichem Tempo, wie die Messziffern ergeben .

Dem Geburtenrückgang geht in der Regel ein allgemeiner Rückgang der Sterblichkeit voraus. Sie hat in vielen Teilen der Welt, vor allem in Ostasien, schon das europäische Niedrigniveau erreicht. Das ist nicht zuletzt internationaler Hilfe und der Weltgesundheitsorganisation zu verdanken. Ein zuverlässiger Entwicklungsindikator bleibt die Säuglingssterblichkeit, die auf 1000 Neugeborene innerhalb des ersten Lebensjahres berechnet und ausgewiesen wird. Schwarzafrika ("südlich der Sahara") hat die höchste Sterblichkeit insgesamt. Eine Säuglingssterblichkeit von 100 bis 150 (auf 1000 Geborene) gibt es nur noch hier; in Westeuropa liegt sie zwischen 5 und 10. Hohe Sterblichkeit mindert die Geborenenüberschüsse. Wenn Sterblichkeit gesenkt wird, ist ein Bevölkerungsanstieg unvermeidlich, weil niedrigere Geburtenzahlen erst mit Verspätung und oft nur sehr langsam nachfolgen. Die Sterblichkeit kann in gewissem Umfang staatlicherseits durch bessere medizinische Versorgung gesenkt werden. Zur Senkung der Zahl der Geburten braucht es jedoch das massenhafte Einverständnis der Ehepaare und Eltern. Daher ist Geburtensenkung der neuralgische Punkt des Bevölkerungswachstums und seiner Kontrolle.

Die Durchschnittsgeburtenzahl pro Frau sinkt nicht überall gleich. China mit traditioneller Disziplinierung seiner Bevölkerung ist darin rasch und erfolgreich und drückte die Geburtenzahl auf durchschnittlich 2,0. In Indien mit derzeit etwa 930 Millionen Menschen und einer hohen Zuwachsrate von 2 Prozent kommen die Frauen auf 3,6 Geburten. Das bedeutet 26,5 Millionen Neugeborene, von denen "nur noch" 2 Millionen im ersten Jahr sterben. Früher starb ein Vielfaches dessen. Indien bekennt sich seit seiner Staatsgründung zu geburtensenkender Bevölkerungspolitik. Vergleicht man Indien mit China, dann sind die Erfolge mäßig. Indien war das Laboratorium für die verschiedenen Konzepte der Geburtensenkung; alle Fehler, die auf diesem Gebiet möglich sind, wurden dort gemacht: in ihr eine medizinische Hospitalangelegenheit zu sehen, dann eine bloße Sache der Verhütungsmittelpropaganda bis zur Zwangssterilisierung. [...]

Selbst wenn die Geburtenzahlen sinken, bedeutet das noch keinen Wachstumsstillstand oder gar schon eine Bevölkerungsabnahme. Dazu müssen sie sich erst dem niedrigen Niveau der Sterbefälle angleichen. Wenn nun, wie in weiten Teilen der Dritten Welt, Sterblichkeit und die Zahl der Geburten zugleich sinken, dann bleibt die Schere zwischen Geburten und Sterbefällen offen und es ändert nichts an den Geborenenüberschüssen.

Aber nicht nur der Geborenenüberschuss – die Differenz von Geborenen und Gestorbenen - bedeutet Wachstum. Im breiten Jugendsockel der Alterspyramiden steckt die Wachstumsdynamik einer jungen Bevölkerung, weil nämlich aus starken Jugendjahrgängen 20 Jahre später Elternjahrgänge werden. Das bringt einen Wachstumsschub, der nur durch äußerste Anstrengung und mit problematischen Mitteln abgebogen werden könnte. Diese Dynamik hat dann einen durchschlagenden Effekt, wenn das, was eine geburtensenkende Politik in Familien bewirken würde, durch stärkere Heiratsjahrgänge wieder aufgefüllt wird. Selbst bei sinkenden Geburtenzahlen pro Ehe wird bei einem entsprechenden Anstieg der Zahl junger Ehen das Geborenenniveau auf gleicher Höhe wie zur Zeit der Einführung der Familienplanung verharren. [...]

Die Senkung der Kindersterblichkeit steht am Beginn der Ursachenkette. Die Gewissheit, dass Kinder nur noch ausnahmsweise sterben, macht die Vorsorgegeburten überflüssig und die Bildungsinvestitionen in gewünschte und geplante Kinder lohnender. [...]

Man vermutet, dass bis 2050 in den zehn bevölkerungsreichsten Ländern die Wachstumsbremsen zwar noch nicht durchgehend greifen, aber doch eingelegt sind und eine Stagnation des Wachstums gegen Ende des kommenden Jahrhunderts erwarten lassen.

Bis zum Jahr 2050 schwanken die Prognosewerte zwischen 7,8 und 12,5 Milliarden, so dass mit etwas über 10 Milliarden Menschen, einer Beinahe-Verdoppelung des derzeitigen Standes also, zu rechnen ist.

Am greifbarsten steht die Welt um 2025 vor uns: immerhin 8,3 Milliarden mit den volkreichsten Staaten China (1,5 Mrd.), dicht gefolgt von Indien (1,38 Mrd.) und dann mit großem Abstand den USA und Indonesien, Pakistan, Nigeria, Brasilien, Bangladesch, Russland, Mexiko und Äthiopien. Die Wachstumsdynamik der volkreichsten heutigen Entwicklungsländer wird das endgültige Volumen der Weltbevölkerung bestimmen. Die Industrienationen unterliegen zwar einer Alterungs- und Schrumpfungstendenz, würden aber nach "Vereinigungen", wie in der Europäischen Union der 15, mit einer Bevölkerungszahl von 372 Millionen immerhin an dritter Stelle nach China und Indien rangieren , wenngleich mit sehr großem Abstand. [...]

Abbildung: Langfristige Projektionen der Bevölkerung der Makroregionen der Erde (mittlere Variante der UN)

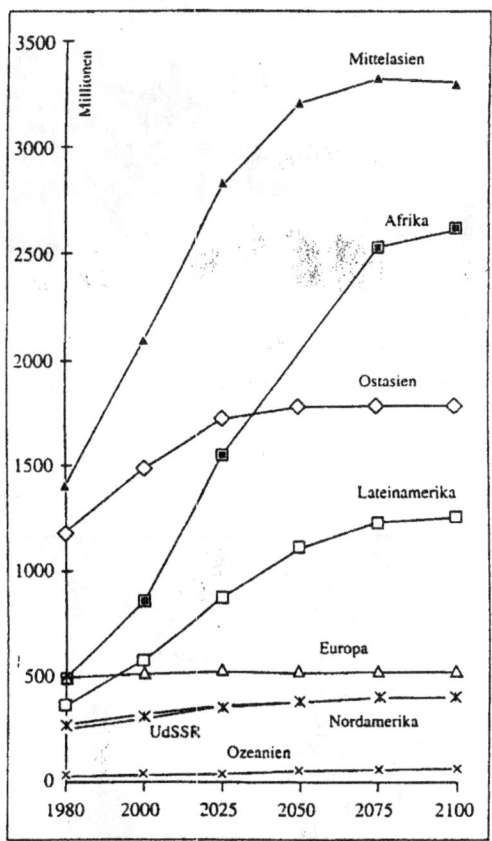

Quelle: United Nations, World Population Prospects. The 1994 Revision. New York 1995 (dt. Bearbeitung Kommission der EU, Brüssel).

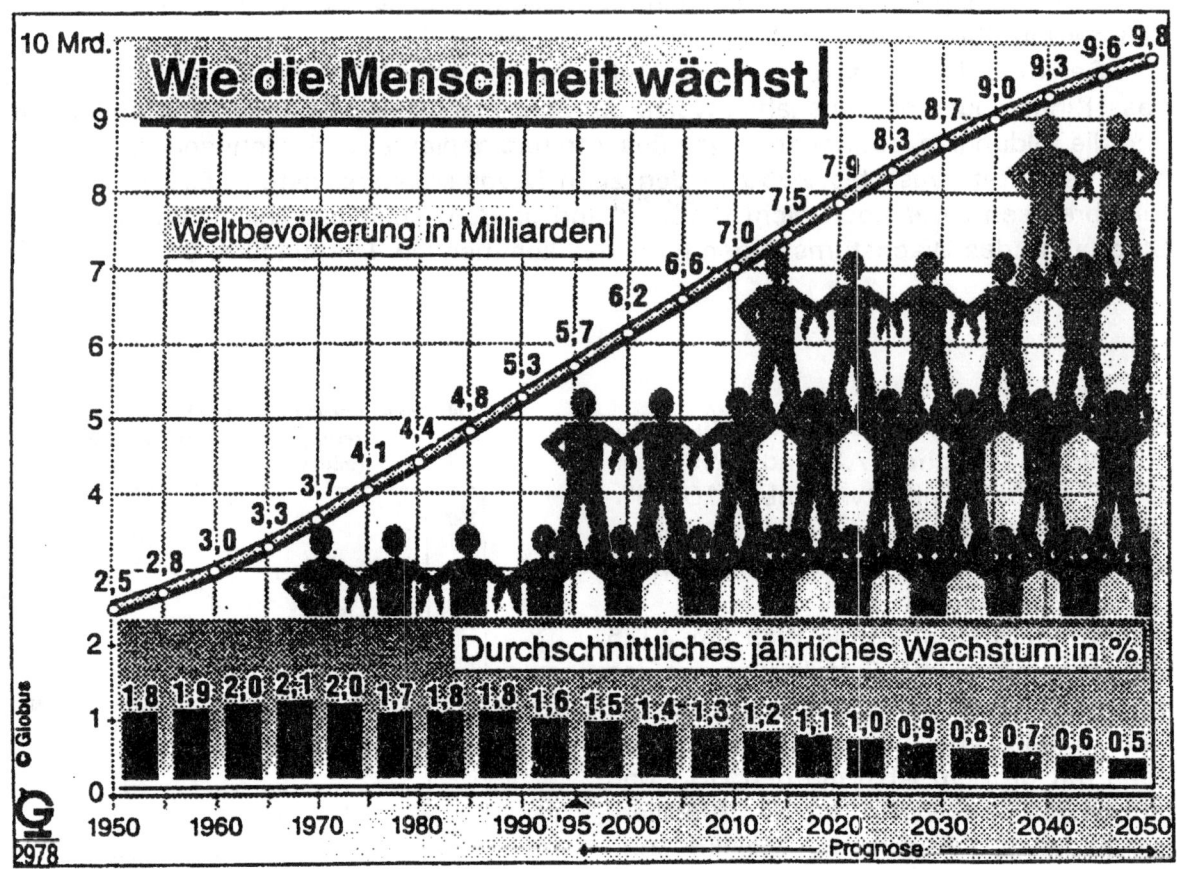

In: Aus Politik und Zeitgeschichte (Beilage zur Wochenzeitung Das Parlament), Nr. 25 / 1996.

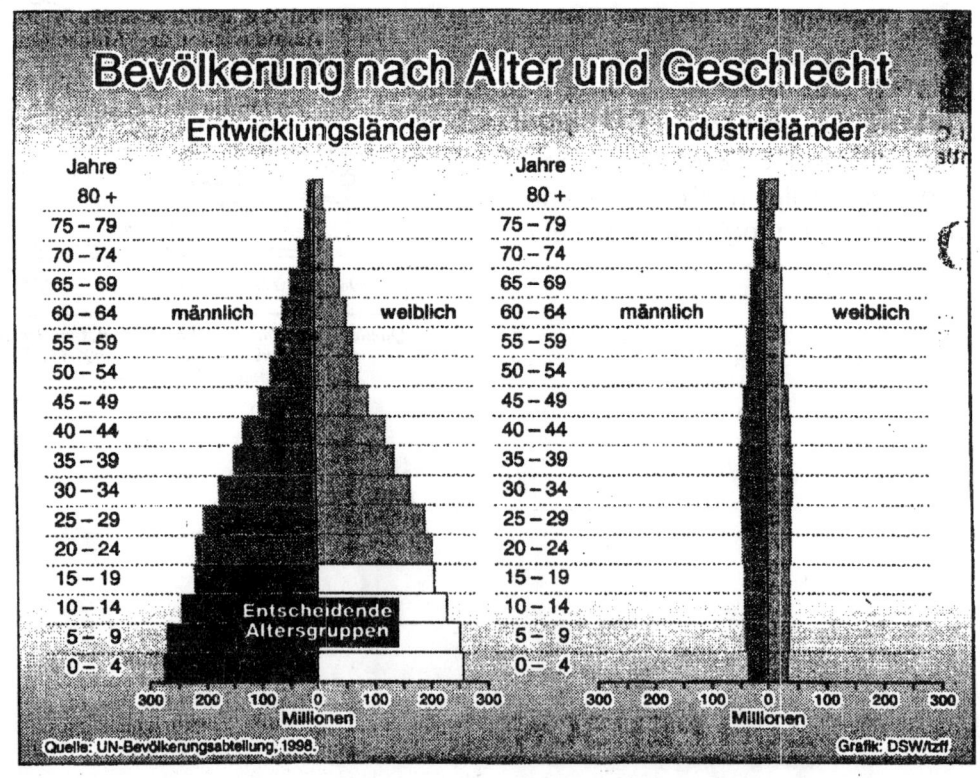

Westfälische Nachrichten, 6. 10. 1999

Übersicht: Die 31 bevölkerungsreichsten Länder 1950, 1994 und 2050 (in Mio.)

	1950		1994		2050	
Rang	*Land*	*Bevölkerung*	*Land*	*Bevölkerung*	*Land*	*Bevölkerung*
1.	China	555	China	1 209	Indien	1 640
2.	Indien	358	Indien	919	China	1 606
3.	USA	152	USA	261	Pakistan	381
4.	Russ. Föderation	103	Indonesien	195	USA	349
5.	Japan	84	Brasilien	159	Nigeria	339
6.	Indonesien	80	Russ. Föderation	147	Indonesien	319
7.	Bundesrepublik Deutschland	68	Pakistan	137	Brasilien	264
8.	Brasilien	53	Japan	125	Bangladesch	239
9.	Großbritannien	51	Bangladesch	118	Äthiopien	194
10.	Italien	47	Nigeria	108	Zaire	164
11.	Frankreich	42	Mexiko	92	Iran	163
12.	Bangladesch	42	Bundesrepublik Deutschland	81	Mexiko	161
13.	Pakistan	40	Vietnam	73	Vietnam	144
14.	Ukraine	37	Philippinen	66	Philippinen	130
15.	Nigeria	33	Iran	66	Russ. Föderation	130
16.	Vietnam	30	Ägypten	62	Ägypten	117
17.	Mexiko	28	Türkei	61	Japan	110
18.	Spanien	28	Großbritannien	58	Türkei	106
19.	Polen	25	Thailand	58	Myanmar	95
20.	Ägypten	22	Frankreich	58	Tanzania	91
21.	Philippinen	21	Italien	57	Kenia	90
22.	Türkei	21	Äthiopien	53	Südafrika	90
23.	Korea (Rep.)	20	Ukraine	51	Sudan	85
24.	Thailand	20	Myanmar	46	Thailand	82
25.	Äthiopien	18	Korea (Rep.)	45	Uganda	70
26.	Myanmar	18	Zaire	43	Bundesrepublik Deutschland	65
27.	Argentinien	17	Südafrika	41	Großbritannien	62
28.	Iran	17	Spanien	40	Elfenbeinküste	61
29.	Rumänien	16	Polen	38	Saudi Arabien	61
30.	Kanada	14	Kolumbien	35	Frankreich	60
31.	Südafrika	14	Argentinien	34	Afghanistan	60

Quelle: United Nations, World Population Prospects (The 1994 Review), New York 1995, S. 104.

Aus Politik und Zeitgeschichte   B 24–25/96.

In: Aus Politik und Zeitgeschichte (Beilage zur Wochenzeitung Das Parlament), Nr. 25 / 1996. (Auszüge. Kürzungen: P. W.)

Frankfurter Allgemeine Zeitung 23.9.1999   Von Klaus Natorp

Die Weltbevölkerung wächst langsamer

Doch kein Grund zur Erleichterung / Immer weniger Mittel werden bereitgestellt

BERLIN, 22. September. Die Weltbevölkerung wächst und wächst, scheinbar unaufhaltsam. Seit 1960 hat sich die Zahl der Menschen auf der Erde verdoppelt. Die Sechs-Milliarden-Marke wird in diesen Tagen überschritten oder ist vor kurzem schon überschritten worden - ein genaues Datum gibt es nicht, als symbolischer "Tag der sechs Milliarden" ist der 12. Oktober festgelegt worden. Aber die Weltbevölkerung wächst nicht mehr so schnell wie noch vor wenigen Jahren. Aus dem jüngsten "Bericht zur Lage der Weltbevölkerung" geht hervor, dass die Bevölkerungszunahme zwischen 1985 und 1990 mit 86 Millionen Menschen im Jahr ihren Höhepunkt erreichte. Gegenwärtig wächst sie nur noch um 78 Millionen Menschen im Jahr.

Nach Ansicht des Bevölkerungsfonds der Vereinten Nationen (UNFPA), der diese Zahlen und seine Bewertung der demographischen Entwicklung auf der Erde am Mittwoch vorlegte, hat das Erreichen der Sechs-Milliarden-Marke "sowohl positive als auch negative Seiten". Positiv sei, "dass diese Entwicklung das Ergebnis persönlicher Entscheidung und kollektiven Handelns für eine bessere Gesundheit und ein längeres Leben ist". Die Folge sei, dass sich Frauen und Männer in den meisten Ländern der Erde weniger Kinder als bisher wünschten und die Familien kleiner seien als in früheren Generationen, dass mehr Neugeborene das kritische erste Lebensjahr vollendeten und die Menschen allgemein länger lebten als je zuvor. In den Entwicklungsländern sei die durchschnittliche Kinderzahl je Frau seit 1969 von sechs auf drei gesunken. Dadurch begann sich das Wachstum der Weltbevölkerung zu verlangsamen.

Als negativ sieht UNFPA an, "dass die ärmsten Länder häufig die höchsten Wachstumsraten aufweisen". In 62 Ländern Afrikas, Asiens und Lateinamerikas seien mehr als 40 Prozent der Bevölkerung jünger als fünfzehn Jahre. Der reproduktive Gesundheitszustand der Bevölkerung sei in den ärmsten Ländern am schlechtesten. Dort ist auch die Müttersterblichkeit am höchsten, und nur ein geringer Anteil der Frauen im fortpflanzungsfähigen Alter nutze Methoden zur Familienplanung. Oft liege dieser Anteil unter fünfzehn Prozent und verharre damit auf dem Stand des Jahres 1969. Seit 1969, als UNFPA mit seiner Arbeit begann, ist die Weltbevölkerung zwar von 3,7 Milliarden Menschen auf sechs Milliarden gewachsen, aber die jährlichen Wachstumsraten sind während dieser drei Jahrzehnte von 2,04 auf 1,33 Prozent zurückgegangen und werden wahrscheinlich noch weiter sinken. "Die Verlangsamung des Bevölkerungswachstums ist aber keine zwangsläufige Entwicklung", heißt es im Weltbevölkerungsbericht. "Sie wurde durch die Arbeit vieler Menschen in den letzten 30 Jahren erreicht. Ob sie sich fortsetzt, hängt von den Entscheidungen und dem Handeln in den nächsten zehn Jahren ab."

Mit "Entscheidungen und Handeln" meint UNFPA "Erfolge in der Bevölkerungs- und Entwicklungspolitik" und insbesondere Fortschritte bei der "Verwirklichung des Rechtes auf Gesundheit einschließlich der reproduktiven Gesundheit, für alle Menschen". Von diesem Ziel sei man noch weit entfernt. Ungefähr 350 Millionen Frauen, fast ein Drittel aller Frauen im gebärfähigen Alter in den Entwicklungsländern, haben immer noch keinen Zugang zu modernen und sicheren Methoden der Familienplanung. 120 Millionen Frauen mehr würden heute Familienplanungsmethoden anwenden, wenn diese umfassender verfügbar und Frauen besser über sie informiert wären.

Zwei Millionen Frauen und Mädchen werden jedes Jahr an ihren Geschlechtsorganen verstümmelt; HIV und Aids verringern die Lebenserwartung in den von der Immunschwächekrankheit am meisten getroffenen Ländern erheblich; Frauen sind dabei in größerer Gefahr, sich anzustecken, als Männer. Die Hälfte der Neuinfektionen entfällt auf junge Menschen, 585.000 Frauen in den Entwicklungsländern sterben jedes Jahr an den Folgen einer Schwangerschaft, und ein Vielfaches dieser Zahl von Frauen trägt Infektionen oder Verletzungen davon. 70.000 Frauen sterben jedes Jahr bei unsachgemäß vorgenommenen Abtreibungen. Das sind nur einige der im Weltbevölkerungsbericht aufgeführten Fakten, mit denen UNFPA zeigen will, dass sich der Rückgang des Bevölkerungswachstums nur fortsetzen wird, wenn in den nächsten zehn Jahren "die richtigen Entscheidungen und Maßnahmen getroffen werden". Auf die nächsten 50 Jahre vorausblickend, verweist der Weltbevölkerungsbericht auf die letzte Bevölkerungsvorausschätzung der UN-Bevölkerungsabteilung, die ergeben habe, dass die Weltbevölkerung von gegenwärtig sechs Milliarden Menschen auf "zwischen 7,3 und 10,7 Milliarden Menschen im Jahre 2050" anwachsen wird, wobei 8,9 Milliarden für das Jahr 2050 als die wahrscheinlichste Zahl gilt. Mittelfristig wird mit einem weiteren allmählichen Rückgang des Bevölkerungswachstums von 78 Millionen Menschen auf 64 Millionen in den Jahren 2020 bis 2025 und danach mit einem stärkeren Rückgang auf 33 Millionen Menschen in den Jahren 2045 bis 2050 gerechnet. Das klingt so, als seien alle bisher laut gewordenen Warnungen vor den Folgen einer Bevölkerungslawine überflüssig, zumindest aber übertrieben gewesen. Tatsächlich ist der Weltbevölkerungsbericht bemüht, mit einer Fülle von Informationen einem in der Welt sich offenbar ausbreitenden Gefühl großer Gelassenheit oder gar Sorglosigkeit entgegenzuwirken, was die mit der künftigen Bevölkerungsentwicklung verbundenen Belastungen angeht. So können nach UNFPA-Angaben eine Milliarde Menschen ihre Grundbedürfnisse nach wie vor nicht befriedigen. Von den 4,8 Milliarden Menschen in den Entwicklungsländern fehlt es fast drei Fünfteln an den einfachsten sanitären Einrichtungen. Fast ein Drittel hat keinen Zugang zu sauberem Wasser, und ein Viertel hat keine menschenwürdige Behausung. Und so geht die Aufzählung der Elendsursachen endlos weiter, über fehlende Schulen bis zur unzureichenden Kalorien- und Proteinzufuhr durch die tägliche Ernährung. Auf der Welt sind nicht weniger als zwei Milliarden Menschen anämisch. weil sie nicht genug Vitamine und Mineralstoffe zu sich nehmen. Die Armen sind gesundheitsschädlichen Abgasen und verschmutzten Flüssen am stärksten ausgesetzt und am wenigsten in der Lage, sich davor zu schützen.

Von großer Bedeutung wird nach Ansicht von UNFPA in Zukunft die Sicherung der Ernährung der weiter wachsenden Menschheit sein. Wenn eine Bevölkerung von annähernd neun Milliarden Menschen angemessen ernährt werden soll. ist dafür fast das Doppelte der heute verbrauchten Kalorien erforderlich. Auch der Zugang zu Wasser wird immer wichtiger werden. Der Weltbevölkerungsbericht weist an dieser Stelle auf "unausgewogene Verbrauchsmuster" hin, die zusammen mit der stetig wachsenden Bevölkerung, das Weltklima "erheblich beeinträchtigt haben".

Zusammengenommen können nach dem Urteil der Verfasser "die Auswirkungen der fortbestehenden Armut, von Unterernährung und mangelhaftem Gesundheitszustand in massivem Umfang, von Geschlechterdiskriminierung und Ungerechtigkeiten in Schlüsselbereichen wie Bildung und Gesundheit, einschließlich der reproduktiven Gesundheit, von neuen Gefahren wie HIV/ Aids, von Umweltveränderungen und schwindenden internationalen finanziellen Mitteln für die Entwicklungszusammenarbeit

die Vorteile, welche die geringere Fertilität der letzten Generation mit sich brachten, wieder zunichte machen".

Was die demographischen Entwicklungen angeht, so weichen sie regional stärker voneinander ab, als in jedem anderen Jahr seit der Gründung von UNFPA. Am schnellsten wächst die Bevölkerung in den ärmsten Ländern Afrikas und Südasiens, die am wenigsten in der Lage sind, die Grundbedürfnisse der Menschen zu befriedigen und ihnen Aussichten darauf zu bieten. Auch innerhalb dieser Länder sind die ärmsten Familien meist die kinderreichsten. Fehlende Entscheidungsfreiheit kann dabei ebenso ausschlaggebend sein wie der Mangel an Mitteln zur Bestimmung der Familiengröße.

Auf der anderen Seite vergrößert sich die Zahl der Länder, in denen die Fruchtbarkeit auf durchschnittlich 2,1 Kinder je Frau gesunken ist oder sogar unter dieser zur Erhaltung der Art nötigen Quote liegt. Deutschland gehört zu den Ländern mit besonders niedriger Fertilität, von denen es im Weltbevölkerungsbericht heißt: „In diesen Ländern können die Bevölkerungszahlen längerfristig sinken." Eine Rückkehr zu höheren Geburtsraten und größeren Familien steht Ländern mit niedriger Fertilität nach Ansicht von UNFPA jedoch nicht offen: „Keinem Land ist es in der Geschichte jemals gelungen, die Geburtenraten über einen längeren Zeitraum zu erhöhen, nachdem sie erst einmal zurückgegangen sind." Besonders in Deutschland wollten das manche Leute immer noch nicht wahrhaben. Vor allem seien sie nicht bereit, zur Kenntnis zu nehmen, dass eine so niedrige Fertilität, wie sie Deutschland zur Zeit erlebe, nichts Außergewöhnliches ist, sondern in fast allen wohlhabenden Industriestaaten der westlichen Welt und in Japan zu beobachten ist. „Wenn die Fertilität in weiteren Ländern zurückgeht", heißt es, „könnte sich dieses Phänomen insgesamt auf Länder mit bis zu zwei Dritteln der Weltbevölkerung auswirken."

Der demographische Wandel erfordert nach Meinung von UNFPA politische Entscheidungen. Er werde sich auf die Struktur der Gesundheitsversorgung auswirken, auf die Renten und die soziale Sicherheit sowie auf die Familienverhältnisse und auf die Verantwortung der Generationen füreinander: „In Ländern mit niedriger Fertilität werden aktive ältere Menschen und Immigranten bestimmte Dienstleistungen erbringen und einen Beitrag zur Volkswirtschaft leisten müssen."

In jedem Fall gibt es nach dem Urteil von UNFPA „keine Anzeichen für einen globalen Geburtenmangel". In den kommenden 50 Jahren würden mehr als 100 Millionen Menschen im Jahr geboren werden. Gleichzeitig werde die Zahl der Todesfälle steigen, da die Bevölkerung zunehmend altere. Besonders besorgniserregend sei der Anstieg der Sterberaten und der Rückgang der Lebenserwartung in den am stärksten von der Immunschwächekrankheit Aids getroffenen Ländern. Dort seien die Fortschritte der vergangenen zwanzig Jahre zunichte gemacht worden. Viele Länder seien immer noch nicht bereit zuzugeben, wie stark sie von der Aids-Pandemie getroffen seien. Da es an der notwendigen Bereitschaft zur Kontrolle der sich ausbreitenden Krankheit fehle, deute "alles auf eine noch größere Katastrophe hin".

Insgesamt enthält der Weltbevölkerungsbericht fünf Kapitel. Das letzte, das sich mit der Frage beschäftigt "Woher die Mittel nehmen?", ist das kürzeste. Dabei hängt gerade von einer befriedigenden Antwort auf diese Frage besonders viel ab. Denn wenn das von der letzten Weltbevölkerungskonferenz in Kairo vor fünf Jahren verabschiedete Aktionsprogramm nicht verwirklicht wird, ist nach Ansicht von UNFPA damit zu rechnen, dass die "Wahrscheinlichkeit eines sozialen Zusammenbruchs" größer wird "und damit verbunden die Notwendigkeit für kurzfristige Notmaßnahmen".

Das im Kairoer Aktionsprogramm festgelegte Paket von Investitionen in bevölkerungspolitisches Handeln und Aktivitäten zur Förderung der reproduktiven Gesundheit in Entwicklungsländern sah bis zum Jahre 2000 Ausgaben von siebzehn Milliarden Dollar im Jahr vor und ist als ein wesentlicher Teil der allgemeinen Entwicklungsstrategie anerkannt. Gedacht war an "ein umfassendes Paket an sozialen Diensten", das „Basisgesundheit, Grundbildung, Ernäh-

rung, preiswerte Wasserversorgung und sanitäre Anlagen" für die Entwicklungsländer beinhalten sollte. Dafür brauchte man jetzt ungefähr 30 bis 40 Milliarden Dollar mehr, als in Kairo vor fünf Jahren veranschlagt worden waren. Ob man die bekommt, ist zweifelhaft.

Überall auf der Welt werden die für Entwicklungszusammenarbeit und damit auch für Familienplanung vorgesehener Mittel nicht etwa erhöht, sondern gekürzt. UNFPA sagt, die zur Verwirklichung des Kairoer Aktionsprogramms notwendigen Mittel aufzutreiben sei "eine Sache des politischen Willens". Doch dieser Wille ist in weiten Teilen der Welt angesichts knapper Mittel schwach oder nicht mehr vorhanden. Private Stiftungen können manches ausgleichen, aber eben längst nicht genug. Der Weltbevölkerungsbericht ist gleichwohl bemüht, Zuversicht zu verbreiten. Viele seiner Erfolgsmeldungen sind jedoch mit einem Fragezeichen zu versehen. Sie beruhen zum Teil auf Angaben von Regierungen, denen nur bedingt zu trauen ist. Oft ist bei diesem Thema der Wunsch der Vater des Gedankens. Sicher ist, dass viele Länder hinter ihren Zusagen zurückbleiben, wie auch eine Zwischenüberschrift im Weltbevölkerungsbericht deutlich macht. "Die Finanzierung des Kairoer Aktionsprogramms liegt weit hinter dem für das Ende des Jahrhunderts vorgesehenen Gesamtbetrag zurück", heißt es da wörtlich. Die Aussichten für die Entwicklungszusammenarbeit und die darin eingebetteten bevölkerungspolitischen Vorhaben sind daher ziemlich düster. Der nun vorgelegte Bericht des Jahres 1999, da die Zahl der Erdenbewohner die Sechs-Milliarden-Marke überschreitet, könnte sich daher schon bald als stark revisionsbedürftig erweisen.

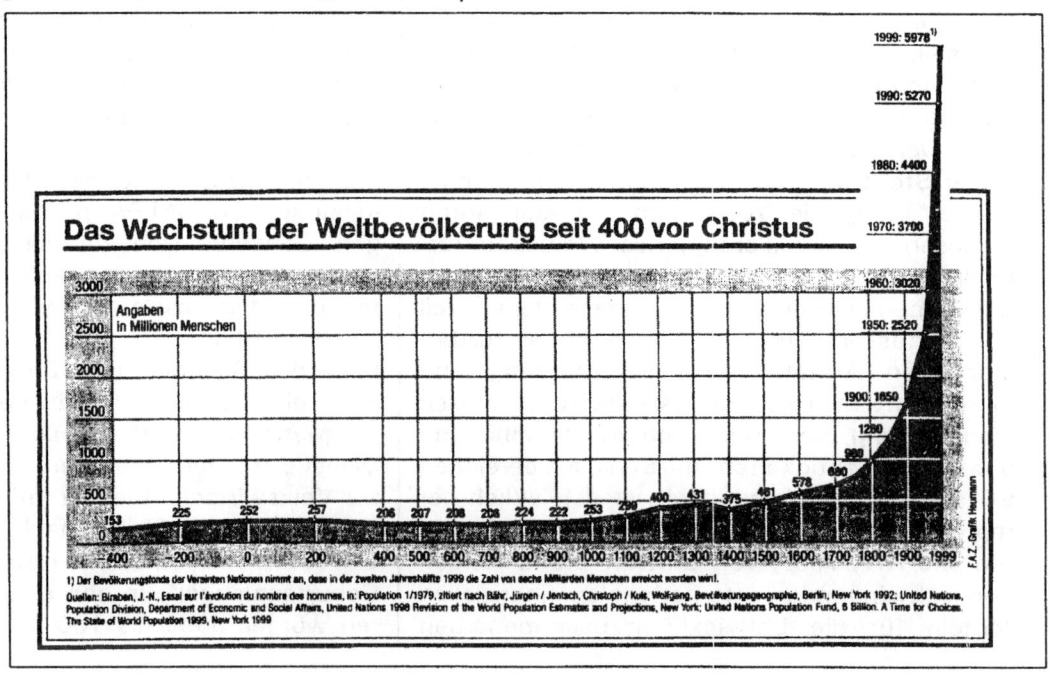

Das Wachstum der Weltbevölkerung seit 400 vor Christus

1.3 Die demographische Situation der einzelnen Staaten

Quelle für die Tabellen :

Deutsche Stiftung Weltbevölkerung (Hrsg.) : Datenposter Weltbevölkerung 1999. Soziale und demographische Daten zu den Ländern und Regionen der Welt (Auszüge)

	Bevölk. Mitte 1999 in Mio	Geburten pro 1000 Einw.	Todesfälle pro 1000 Einw.	Natürliche Wachstums-rate in %	"Verdoppe-lungszeit" in Jahren	Bevölkerung Projektion in Mio 2010	2025	Im 1. Lebensjahr Gestorbene (pro 1000 Lebendgebor.	Gesamt-fruchtbar-keitsrate	Bevölkerung nach Alter in % <15 J.	>65 J.	Lebens-erwartung bei der Geburt Jahre ges.	männl.	weibl.	Städt. Bevölk. in %	Brutto-sozialprodukt pro Einwohner 1997
WELT	**5982**	**23**	**9**	**1,4**	**49**	**6883**	**8054**	**57**	**2,9**	**31**	**7**	**66**	**64**	**68**	**45**	**5170**
INDUSTRIE-Lä.	1181	11	10	0,1	583	1216	1241	8	1,5	19	14	75	71	79	75	20350
Entwicklungs-Lä.	4800	26	9	1,7	40	5667	6813	62	3,2	34	5	64	62	66	37	1330
E.-Lä. Ohne China	3546	29	9	2,0	35	4272	5251	68	3,8	37	4	61	60	63	40	1510
AFRIKA	**771**	**39**	**14**	**2,5**	**28**	**979**	**1290**	**88**	**5,4**	**43**	**3**	**52**	**51**	**54**	**30**	**660**
Afrika Subsahara	630	42	16	2,6	27	809	1086	94	5,8	45	3	49	48	50	25	520
Nordafrika	**170**	**27**	**7**	**2,0**	**34**	**206**	**249**	**51**	**3,6**	**38**	**4**	**64**	**63**	**66**	**46**	**1160**
Ägypten	66,9	26	6	2,0	35	80,3	95,8	52	3,3	39	4	65	64	67	44	1200
Algerien	30,8	30	6	2,4	29	38,3	46,6	44	4,1	39	4	68	67	69	49	1500
Libyen	5,0	28	3	2,5	28	6,4	8,3	33	4,1	39	4	75	73	77	86	-
Marokko	28,2	23	6	1,7	41	33,2	39,2	37	3,1	34	5	69	67	71	54	1260
Sudan	28,9	33	12	2,2	32	36,3	46,3	70	4,6	43	3	51	50	52	27	290
Tunesien	9,5	22	7	1,6	44	10,9	12,8	35	2,8	35	5	69	67	70	61	2110
Westsahara	0,2	46	18	2,9	24	0,3	0,4	150	6,8	-	-	47	46	48	-	-
Westafrika	**223**	**43**	**14**	**2,9**	**24**	**295**	**408**	**86**	**6,2**	**45**	**3**	**52**	**51**	**53**	**24**	**340**
Benin	6,2	44	14	3,0	23	8,2	11,6	94	6,3	49	3	53	51	55	38	380
Burkina Faso	11,6	47	18	2,9	24	15,4	21,4	94	6,7	48	3	47	46	47	15	250
Elfenbeinküste	15,8	43	16	2,7	26	20,6	27,8	98	6,1	43	3	47	45	48	46	710
Gambia	1,3	43	19	2,4	29	1,7	2,2	130	5,6	41	3	45	43	47	37	340
Ghana	19,7	39	10	2,9	24	26,4	36,9	66	5,4	46	3	59	57	61	37	390
Guinea	7,5	42	18	2,4	29	9,4	13,1	134	5,7	46	3	45	43	48	26	550
Guinea-Bissau	1,2	43	21	2,2	32	1,5	1,9	136	5,9	43	4	44	43	46	22	230
Kap Verde	0,4	36	8	2,9	24	0,5	0,5	52	5,3	45	6	70	66	73	44	1090
Liberia	2,9	42	12	3,1	23	4,3	6,5	106	6,2	45	4	59	56	61	45	-
Mali	11,0	47	16	3,1	22	14,6	21,3	123	6,7	47	4	46	45	47	26	260
Mauretanien	2,6	41	13	2,7	25	3,5	4,8	92	5,5	45	3	54	52	55	54	440
Niger	10,0	54	24	3,0	23	13,7	20,4	123	7,5	48	2	41	41	40	17	200
Nigeria	113,8	43	13	3,0	23	150,3	203,4	73	6,2	45	3	54	53	55	16	280
Senegal	9,2	41	13	2,8	25	12,2	16,7	68	5,7	45	3	52	51	54	41	540
Sierra Leone	5,3	47	18	2,9	24	7,4	11,0	136	6,3	45	3	48	45	51	37	160
Togo	4,5	42	15	2,6	26	6,0	8,5	80	5,4	46	3	49	48	50	31	340

	Bevölk. Mitte 1999 in Mio	Geburten pro 1000 Einw.	Todesfälle pro 1000 Einw.	Natürliche Wachstumsrate in %	"Verdoppelungszeit" in Jahren	Bevölkerung Projektion in Mio 2010	Bevölkerung Projektion in Mio 2025	Im 1. Lebensjahr Gestorbene (pro 1000 Lebendgebor.)	Gesamtfruchtbarkeitsrate	Bevölkerung nach Alter in % <15 J.	Bevölkerung nach Alter in % >65 J.	Lebenserwartung bei der Geburt Jahre ges.	Lebenserwartung männl.	Lebenserwartung weibl.	Städt. Bevölk. in %	Bruttosozialprodukt pro Einwohner 1997
OSTAFRIKA	235	42	18	2,4	29	295	387	105	6,0	46	3	44	43	45	20	260
Äthiopien	59,7	46	21	2,5	28	74,8	98,8	128	7,0	46	3	42	41	42	14	110
Burundi	5,7	42	18	2,5	28	7,5	10,5	105	6,5	48	3	46	44	47	5	140
Dschibuti	0,6	39	16	2,3	30	0,8	1,0	115	5,8	41	3	48	47	50	83	-
Eritrea	4,0	43	13	3,0	23	5,7	8,4	82	6,1	43	3	55	52	57	16	230
Kenia	28,8	35	14	2,1	33	32,4	34,8	74	4,7	46	3	49	48	49	20	340
Komoren	0,6	38	10	2,8	25	0,8	1,2	77	5,1	42	3	59	57	62	29	400
La Réunion	0,7	20	5	1,5	48	0,8	1,0	9	2,3	30	6	74	70	79	73	-
Madagaskar	14,4	44	14	2,9	24	19,5	28,4	96	6,0	44	3	52	51	53	22	250
Malawi	10,0	42	24	1,7	41	11,3	12,5	137	5,9	48	3	36	36	36	20	210
Mauritius	1,2	17	7	1,0	67	1,3	1,5	19,7	2,0	26	6	70	66	74	43	3870
Mosambik	19,1	41	19	2,2	32	24,8	33,3	134	5,6	46	2	44	43	46	28	140
Ruanda	8,2	39	18	2,1	33	9,9	12,2	114	6,0	45	3	43	43	44	5	210
Sambia	9,7	42	23	2,0	35	12,2	16,2	109	6,1	45	3	37	37	38	38	370
Seychellen	0,1	19	8	1,1	61	0,1	0,1	8	2,2	28	7	70	67	73	59	6910
Simbabwe	11,2	32	20	1,2	57	12,0	12,4	53	4,0	44	3	40	40	40	31	720
Somalia	7,1	47	19	2,8	25	10,1	15,2	126	6,8	44	3	46	45	48	24	-
Tansania	31,3	42	17	2,5	28	39,4	50,7	100	5,7	45	3	47	45	49	21	210
Uganda	22,8	48	20	2,9	24	31,8	49,2	81	6,9	47	3	42	41	42	15	330
Zentralafrika	94	46	16	3,0	23	128	188	104	6,3	47	3	49	48	51	33	300
Angola	12,5	48	19	3,0	23	17,2	25,1	125	6,8	48	3	47	45	48	32	260
Äquatorial Guinea	0,4	44	18	2,6	27	0,6	0,8	117	5,9	43	4	48	46	50	37	1060
Gabun	1,2	38	16	2,2	32	1,5	2,0	87	5,4	39	6	52	51	54	73	4120
Kamerun	15,5	39	12	2,7	26	20,6	29,1	77	5,2	44	4	55	53	56	44	620
Kongo	2,7	39	17	2,3	31	3,4	4,2	107	5,1	43	3	47	45	49	41	670
Kongo (Zaire)	50,5	48	16	3,2	22	70,3	105,7	106	6,6	48	3	49	47	51	29	110
Sao Tomé+Principe	0,2	43	9	3,4	20	0,2	0,3	51	6,2	47	4	64	62	65	44	290
Tschad	7,7	50	17	3,3	21	10,3	14,7	110	6,6	44	3	48	45	50	22	230
Zentralafr.Republik	3,4	38	17	2,1	32	4,3	5,5	97	5,1	44	4	46	44	48	39	320
SÜDAFRIKA	49	28	12	1,7	42	54	57	55	3,5	35	5	56	54	58	42	3030
Botswana	1,5	33	21	1,2	59	1,6	1,6	56	4,1	39	5	40	40	41	50	3310
Lesotho	2,1	33	12	2,1	33	2,4	2,7	80	4,3	41	5	56	54	58	16	680
Namibia	1,6	36	20	1,7	42	1,9	2,3	68	5,1	44	4	42	42	42	27	2110
Südafrika	42,6	27	11	1,6	43	46,6	48,9	52	3,3	34	5	58	55	60	45	3210
Swasiland	1,0	42	10	3,2	22	1,2	1,6	72	5,2	44	3	39	38	41	22	1520

Land	Bevölk. Mitte 1999 in Mio	Geburten pro 1000 Einw.	Todesfälle pro 1000 Einw.	Natürliche Wachstumsrate in %	"Verdoppelungszeit" in Jahren	Bevölkerung Projektion in Mio 2010	Bevölkerung Projektion in Mio 2025	Im 1. Lebensjahr Gestorbene (pro 1000 Lebendgebor.)	Gesamtfruchtbarkeitsrate	Bevölkerung nach Alter <15 J. in %	Bevölkerung nach Alter >65 J. in %	Lebenserwartung bei der Geburt Jahre ges.	männl.	weibl.	Städt. Bevölk. in %	Brutto-sozialprodukt pro Einwohner 1997
Nordamerika	303	14	8	0,6	119	333	374	7	2,0	21	13	77	74	79	75	28130
Kanada	30,6	11	7	0,4	162	35,1	39,2	5,6	1,5	20	12	79	76	82	77	19640
USA	272,5	15	9	0,6	116	297,7	335,1	7,0	2,0	21	13	77	74	79	75	29080
Lateinam.+Karibik	512	24	6	1,8	38	600	709	35	2,9	33	5	69	66	73	73	3950
Zentralamerika	135	28	5	2,3	30	164	200	34	3,3	36	4	71	68	74	67	3130
Belize	0,2	30	4	2,6	27	0,3	0,4	34	3,9	41	5	72	70	74	50	2670
Costa Rica	3,6	23	4	1,8	38	4,8	5,8	14,2	2,7	33	5	77	75	79	45	2680
El Salvador	5,9	29	5	2,3	30	7,1	8,6	35	3,6	39	5	69	67	73	50	1810
Guatemala	12,3	37	7	2,9	24	16,3	22,3	51	5,1	44	3	65	63	68	38	1580
Honduras	5,9	33	6	2,8	25	7,6	9,7	42	4,4	42	3	68	66	71	44	740
Mexiko	99,7	27	5	2,2	32	118,2	140,8	32	3,0	35	5	72	69	75	74	3700
Nicaragua	5,0	38	6	3,2	22	6,5	8,5	40	3,9	44	3	66	63	68	63	410
Panama	2,8	23	5	1,8	39	3,3	3,7	22	2,7	32	5	74	72	76	56	3080
Karib. Inseln	37	22	8	1,4	49	42	46	41	2,8	31	7	69	67	71	59	-
Antigua+Barbuda	0,1	22	6	1,5	46	0,1	0,1	17	1,7	28	8	74	72	76	37	7380
Bahamas	0,3	21	5	1,5	45	0,4	0,4	18,4	2,0	32	5	73	68	77	84	-
Barbados	0,3	14	9	0,5	130	0,3	0,3	14,2	1,8	24	11	75	72	77	38	-
Dominica	0,1	19	8	1,1	61	0,1	0,1	16,2	1,9	38	7	78	75	80	-	3040
Dominikak.Republik	8,3	27	6	2,1	32	9,7	11,2	47	3,2	36	4	70	68	72	56	1750
Grenada	0,1	29	6	2,3	30	0,1	0,2	12	3,8	38	6	71	68	73	34	3140
Guadeloupe	0,4	17	6	1,1	64	0,5	0,5	6,0	2,0	26	9	77	73	80	48	-
Haiti	7,8	34	13	2,1	33	9,3	11,5	74	4,8	40	4	54	52	56	34	380
Jamaika	2,6	23	6	1,7	40	2,9	3,2	24	2,8	32	7	71	70	73	50	1550
Kuba	11,2	14	7	0,7	103	11,5	11,8	7,2	1,6	22	9	75	73	78	75	-
Martinique	0,4	15	6	0,9	81	0,5	0,5	6	1,7	24	11	78	75	82	81	-
Niederl.Antillen	0,2	18	7	1,2	59	0,2	0,3	6,3	2,2	27	7	75	72	78	-	-
Puerto Rico	3,9	17	8	0,9	78	4,1	4,1	10,5	2,1	25	10	74	70	79	71	-
St.Kitts+Nevis	0,04	20	11	0,9	82	0,04	0,04	24	2,6	31	9	67	64	70	43	6260
St. Lucia	0,2	22	7	1,6	44	0,2	0,2	17,9	2,5	34	5	72	71	73	48	3510
St.Vincent	0,1	21	7	1,4	49	0,1	0,1	18	2,4	37	7	73	71	74	25	2420
Trinidad+Tobago	1,3	14	7	0,7	103	1,4	1,5	16,2	1,7	28	6	71	68	73	72	4250

	Bevölk. Mitte 1999 in Mio	Geburten pro 1000 Einw.	Todesfälle pro 1000 Einw.	Natürliche Wachstums-rate in %	"Verdoppe-lungszeit" in Jahren	Bevölkerung Projektion in Mio 2010	2025	Im 1. Lebensjahr Gestorbene (pro 1000 Lebendgebor.)	Gesamt-fruchtbar-keitsrate	Bevölkerung nach Alter in % <15 J.	>65 J.	Lebens-erwartung bei der Geburt Jahre ges.	männl.	weibl.	Städt. Bevölk. in %	Brutto-sozialprodukt pro Einwohner 1997
Südamerika	339	23	6	1,7	41	395	463	35	2,7	32	6	69	65	72	78	4430
Argentinien	36,6	20	8	1,2	58	41,5	47,2	21,8	2,6	29	9	73	70	77	89	8950
Bolivien	8,1	30	10	2,0	34	10,2	13,0	67	4,2	40	4	60	59	62	61	970
Brasilien	168,0	21	6	1,5	45	190,9	217,9	41	2,3	32	5	67	63	70	78	4790
Chile	15,0	20	6	1,4	49	17,0	19,5	11,7	2,4	29	7	75	72	78	85	4820
Ecuador	12,4	27	6	2,1	33	14,9	17,8	40	3,3	35	4	69	67	72	62	1570
Franz.Guyana	0,2	28	4	2,4	28	0,3	0,4	18	3,7	36	4	74	71	77	79	-
Guyana	0,7	24	7	1,7	40	0,7	0,7	63	2,7	35	4	66	63	69	36	800
Kolumbien	38,6	26	6	2,0	34	47,3	58,3	28	3,0	33	4	69	65	73	71	2180
Paraguay	5,2	32	6	2,7	26	7,0	9,4	27	4,4	41	4	70	68	72	52	2000
Peru	26,6	28	6	2,2	32	32,1	39,2	43	3,5	35	5	68	66	71	72	2610
Suriname	0,4	24	6	1,8	39	0,5	0,5	29	2,6	34	5	70	68	73	70	1320
Uruguay	3,4	18	10	0,8	85	3,6	4,0	16,6	2,4	25	13	74	70	78	91	6130
Venezuela	23,7	25	5	2,0	34	28,7	34,8	21,0	2,9	37	4	73	70	76	86	3480
Asien	3637	23	8	1,5	46	4206	4923	56	2,8	32	6	66	65	68	35	2450
Asien ohne China	2383	26	8	1,8	39	2812	3361	64	3,3	35	5	64	62	65	38	3340
Westasien	186	28	7	2,1	33	235	303	54	3,9	37	4	68	66	70	64	3370
Armenien	3,8	12	6	0,5	128	4,0	4,2	15	1,5	27	8	73	69	76	67	560
Aserbaidschan	7,7	17	6	1,1	62	8,6	9,7	20	2,1	33	6	71	67	75	52	510
Bahrain	0,7	22	3	1,9	37	1,0	1,7	8	2,8	31	2	69	68	71	88	-
Gaza	1,2	49	5	4,4	16	1,9	3,0	30	7,0	50	3	72	70	74	-	-
Georgien	5,4	11	8	0,3	217	5,4	5,3	15	1,3	24	11	73	69	76	56	860
Irak	22,5	38	10	2,8	25	30,3	41,0	127	5,7	43	3	59	58	60	68	-
Israel	6,1	22	6	1,6	45	7,2	8,3	5,8	2,9	29	10	78	76	80	90	16180
Jemen	16,4	40	11	2,9	24	24,2	40,1	75	6,7	47	3	59	58	61	25	270
Jordanien	4,7	30	5	2,5	28	7,0	10,0	34	4,4	41	2	68	66	70	78	1520
Katar	0,5	19	2	1,7	41	0,6	0,7	20	3,9	27	1	72	70	75	91	-
Kuwait	2,1	24	2	2,2	32	2,9	3,7	13	3,2	29	1	72	72	73	100	-
Libanon	4,1	23	7	1,6	43	4,8	5,5	35	2,4	30	6	70	68	73	88	3350
Oman	2,5	43	5	3,9	18	3,5	5,4	30	7,1	46	3	71	69	73	72	-
Saudi-Arabien	20,9	35	5	3,0	23	28,8	40,0	29	6,4	42	3	71	70	73	83	7150
Syrien	16,0	33	6	2,8	25	20,9	26,8	35	4,7	45	3	67	67	68	50	1120
Türkei	65,9	22	7	1,5	46	76,3	88,0	43	2,6	31	5	68	66	71	64	3130
VAE (Emirate)	2,8	24	2	2,2	32	3,3	3,8	16	4,9	33	2	74	73	76	84	-
Westjordanland	1,9	38	5	3,3	21	3,1	4,4	20	5,2	45	4	72	70	74	-	-
Zypern	0,9	14	8	0,7	107	0,9	1,0	9	2,0	23	8	77	74	79	64	-

	Bevölk. Mitte 1999 in Mio	Geburten pro 1000 Einw.	Todesfälle pro 1000 Einw.	Natürliche Wachstumsrate in %	"Verdoppelungszeit" in Jahren	Bevölkerung Projektion in Mio 2010	2025	Im 1. Lebensjahr Gestorbene (pro 1000 Lebendgebor.)	Gesamtfruchtbarkeitsrate	Bevölkerung nach Alter in % <15 J.	>65 J.	Lebenserwartung bei der Geburt Jahre ges.	männl.	weibl.	Städt. Bevölk. in %	Bruttosozialprodukt pro Einwohner 1997
Süd.l.Zentr.Asien	**1451**	**29**	**9**	**2,0**	**35**	**1728**	**2101**	**74**	**3,6**	**37**	**4**	**61**	**60**	**61**	**29**	**470**
Afghanistan	25,8	43	18	2,5	28	34,1	48,0	150	6,1	43	3	46	46	45	20	-
Bangladesh	125,7	27	8	1,8	38	150,3	177,0	82	3,3	43	3	59	59	58	20	360
Bhutan	0,8	40	9	3,1	22	1,1	1,5	71	5,6	43	2	66	-	-	15	430
Indien	986,6	28	9	1,9	37	1167,3	1414,3	72	3,4	36	4	60	60	61	28	370
Iran	66,2	24	6	1,8	38	78,9	97,3	26	3,0	40	4	69	68	71	61	1780
Kasachstan	15,4	15	10	0,5	151	15,1	15,9	25	1,8	30	7	65	59	70	56	1350
Kirgisistan	4,7	22	7	1,5	47	5,5	6,9	26	2,8	37	6	67	63	71	34	480
Malediven	0,3	26	5	2,2	32	0,4	0,5	27	5,8	45	4	69	69	70	26	1180
Nepal	24,3	36	11	2,5	28	30,9	39,5	79	4,6	41	3	57	58	57	9	220
Pakistan	146,5	39	11	2,8	25	181,1	224,5	91	5,6	41	4	58	58	59	32	500
Sri Lanka	19,0	19	7	1,2	57	21,3	23,9	16,8	2,2	35	4	72	70	74	22	800
Tadschikistan	6,2	25	6	1,9	36	7,5	9,3	25	3,2	44	4	68	66	71	27	330
Turkmenistan	4,8	22	7	1,5	46	5,5	6,6	38	2,6	40	4	66	62	69	44	640
Usbekistan	24,4	26	6	2,0	35	29,1	35,4	23	3,2	40	4	69	66	72	38	1020
Südostasien	**520**	**25**	**7**	**1,7**	**40**	**613**	**722**	**46**	**3,0**	**34**	**4**	**65**	**63**	**67**	**35**	**1610**
Brunei	0,3	25	3	2,2	32	0,4	0,5	24	3,4	34	3	71	70	73	67	-
Indonesien	211,8	24	7	1,6	42	247,5	287,2	46	2,8	33	4	63	61	65	38	1110
Kambodscha	11,9	38	14	2,4	29	15,5	21,2	103	5,2	44	4	53	52	55	16	300
Laos	5,0	41	15	2,6	26	6,4	8,4	104	5,6	44	4	51	50	52	17	400
Malaysia	22,7	26	5	2,1	33	28,4	37,0	8	3,2	34	4	72	70	75	57	4530
Myanmar(Burma)	48,1	30	10	2,0	35	56,6	68,1	83	3,8	33	5	61	60	62	26	-
Philippinen	74,7	29	7	2,3	31	91,9	111,5	35	3,7	38	4	67	66	69	47	1200
Singapur	4,0	15	5	1,0	69	4,4	4,7	3,3	1,6	22	7	77	75	79	100	32810
Thailand	61,8	18	7	1,1	61	67,3	73,0	25	2,0	27	5	72	70	75	31	2740
Vietnam	79,5	22	7	1,5	46	94,2	109,9	35	2,7	35	5	66	63	69	20	310
Ostasien	**1481**	**15**	**7**	**0,9**	**78**	**1631**	**1798**	**29**	**1,7**	**25**	**8**	**72**	**70**	**74**	**38**	**4580**
China	1254,1	16	7	1,0	73	1394,3	1561,4	31	1,8	26	7	71	69	73	30	860
China/Hongkong	6,9	9	5	0,4	161	7,7	7,8	3,9	1,1	17	10	79	77	82	95	25200
Japan	126,7	10	7	0,2	318	127,6	120,9	3,7	1,4	15	16	81	77	84	79	38160
Macao	0,4	12	3	0,9	78	0,5	0,6	5	1,2	25	8	77	75	80	99	-
Mongolei	2,4	20	7	1,4	50	2,9	3,5	34	2,7	35	4	63	60	66	52	390
Nordkorea	21,4	21	7	1,5	48	23,5	25,5	26	2,3	28	6	70	67	73	59	-
Südkorea	46,9	15	6	1,0	70	50,6	52,7	11	1,6	22	7	74	70	77	79	10550
Taiwan	22,0	12	6	0,7	102	23,9	25,4	6,4	1,4	22	8	75	72	78	77	

	Bevölk. Mitte 1999 in Mio	Geburten pro 1000 Einw.	Todesfälle pro 1000 Einw.	Natürliche Wachstums-rate in %	"Verdoppe-lungszeit" in Jahren	Bevölkerung Projektion in Mio 2010	2025	Im 1. Lebensjahr Gestorbene (pro 1000 Lebendgebor.)	Gesamt-fruchtbar-keitsrate	Bevölkerung nach Alter in % <15 J.	>65 J.	Lebens-erwartung bei der Geburt Jahre ges.	männl.	weibl.	Städt. Bevölk. in %	Brutto-sozialprodukt pro Einwohner 1997
Ozeanien	**30**	**18**	**7**	**1,1**	**64**	**34**	**41**	**29**	**2,4**	**26**	**10**	**74**	**71**	**76**	**70**	**15630**
Australien	19,0	13	7	0,7	107	21,0	23,4	5,3	1,7	21	12	78	76	81	85	20650
Fidschi	0,8	24	6	1,8	39	0,9	1,6	22	3,3	35	3	63	61	65	46	2460
Frz.Polynesien	0,2	22	5	1,7	40	0,3	0,3	10	3,1	36	3	70	68	72	54	-
Guam	0,2	28	4	2,4	29	0,2	0,2	9,1	3,5	32	5	74	72	77	38	-
Marshallinseln	0,1	43	7	3,6	19	0,1	0,2	26	6,7	49	3	62	60	63	65	1610
Mikronesien	0,1	33	8	2,6	27	0,1	0,2	46	4,7	44	4	66	65	67	27	1920
Neukaledonien	0,2	22	5	1,7	42	0,2	0,2	8	2,8	31	5	72	68	76	59	-
Neuseeland	3,8	15	7	0,8	83	4,1	4,4	5,3	1,9	23	12	77	74	80	85	15630
Palau	0,02	18	8	1,0	68	0,02	0,03	19	2,5	28	6	67	64	71	69	-
Papua-Neuguinea	4,7	34	10	2,4	29	5,6	7,7	77	4,8	40	2	56	56	57	15	930
Salomonen	0,4	37	4	3,2	21	0,6	0,9	28	5,4	47	3	70	68	73	13	870
Samoa	0,2	29	5	2,4	29	0,2	0,3	21	4,2	41	4	65	-	-	21	1140
Vanuatu	0,2	35	7	2,8	25	0,2	0,3	47	4,7	44	3	65	64	67	18	1340
EUROPA	**728**	**10**	**11**	**-0,1**	**-**	**731**	**718**	**9**	**1,4**	**18**	**14**	**73**	**69**	**78**	**73**	**13890**
Nordeuropa	**95**	**12**	**10**	**0,1**	**541**	**97**	**99**	**6**	**1,7**	**19**	**15**	**77**	**74**	**79**	**83**	**21500**
Dänemark	5,3	12	11	0,1	472	5,5	5,6	5,2	1,7	18	15	76	73	78	85	34890
Estland	1,4	9	13	-0,4	-	1,4	1,3	10	1,2	19	14	71	65	76	70	3360
Finnland	5,2	11	10	0,2	459	5,3	5,3	4,2	1,7	19	15	77	73	81	59	24790
GB+Nordirland	59,4	12	10	0,2	423	60,8	62,6	5,9	1,7	19	16	77	74	80	89	20870
Irland	3,7	14	9	0,6	122	3,7	3,8	6,2	1,9	23	11	75	72	78	58	17790
Island	0,3	15	7	0,9	81	0,3	0,3	2,6	2,0	24	12	79	76	81	92	-
Lettland	2,4	8	14	-0,6	-	2,3	2,1	15	1,1	19	14	70	64	76	69	2430
Litauen	3,7	10	11	-0,1	-	3,7	3,7	9	1,4	21	13	71	66	77	68	2260
Norwegen	4,5	13	10	0,3	224	4,6	4,9	4,1	1,8	20	16	78	76	81	74	36100
Schweden	8,9	10	11	-0,1	-	9,0	9,3	3,6	1,5	19	17	79	77	82	84	26210
Westeuropa	**183**	**11**	**10**	**0,1**	**577**	**186**	**188**	**5**	**1,5**	**17**	**15**	**77**	**74**	**81**	**79**	**27900**
Belgien	10,2	11	10	0,1	693	10,3	10,3	6,0	1,5	18	16	77	74	81	97	26730
Deutschland	82,0	10	10	-0,1	-	81,7	79,9	4,9	1,3	16	16	77	73	80	86	28280
Frankreich	59,1	12	9	0,3	210	61,7	64,2	5,0	1,7	19	16	78	74	82	74	26300
Liechtenstein	0,03	14	7	0,7	105	0,04	0,04	18,4	1,6	19	10	72	67	78	-	-
Luxemburg	0,4	13	9	0,4	187	0,5	0,5	4,2	1,7	19	14	77	74	80	88	-
Monaco	0,03	20	17	0,3	239	0,04	0,04	-	-	12	22	-	-	-	100	-
Niederlande	15,8	12	9	0,4	180	16,5	17,0	5,1	1,5	18	13	78	75	80	61	25830
Österreich	8,1	10	10	0,0	2310	8,0	8,1	4,8	1,3	17	15	78	74	81	65	27920
Schweiz	7,1	11	9	0,3	277	7,6	7,5	4,8	1,5	18	15	79	76	82	68	43060

	Bevölk. Mitte 1999 in Mio	Geburten pro 1000 Einw.	Todesfälle pro 1000 Einw.	Natürliche Wachstumsrate in %	"Verdoppelungszeit" in Jahren	Bevölkerung Projektion in Mio 2010	2025	Im 1. Lebensjahr Gestorbene (pro 1000 Lebendgebor.	Gesamtfruchtbarkeitsrate	Bevölkerung nach Alter in % <15 J.	>65 J.	Lebenserwartung bei der Geburt Jahre ges.	männl.	weibl.	Städt. Bevölk. in %	Bruttosozialprodukt pro Einwohner 1997
Osteuropa	**306**	**9**	**13**	**-0,4**	**-**	**301**	**289**	**15**	**1,3**	**20**	**13**	**69**	**63**	**74**	**68**	**2510**
Bulgarien	8,2	8	14	0,6	-	7,7	7,0	14,4	1,1	17	16	71	67	74	68	1170
Moldau	4,3	13	12	0,1	990	4,4	4,6	20	1,7	26	9	67	63	70	46	460
Polen	38,7	10	10	0,1	1155	40,2	40,6	9,6	1,5	21	12	73	69	77	62	3590
Rumänien	22,5	11	12	-0,1	-	21,2	19,7	20,5	1,3	19	13	69	65	73	55	1410
Russland	146,5	9	14	-0,5	-	144,7	138,1	17	1,2	20	13	67	61	73	73	2680
Slowakei	5,4	11	10	0,1	845	5,4	5,2	8,8	1,4	21	11	73	69	77	57	3680
Tschech.Republik	10,3	9	11	-0,2	-	10,3	10,2	5,1	1,2	17	14	74	71	78	77	5240
Ukraine	49,9	9	15	-0,6	-	47,4	44,2	14	1,3	19	14	68	62	73	68	1040
Ungarn	10,1	10	14	-0,4	-	9,7	9,2	9,7	1,3	17	15	71	66	75	64	4510
Weißrußland	10,2	9	13	-0,4	-	10,0	9,7	11	1,3	20	13	68	63	74	70	2150
Südeuropa	**145**	**10**	**9**	**0,1**	**1012**	**146**	**143**	**7**	**1,3**	**17**	**16**	**77**	**74**	**80**	**70**	**15480**
Albanien	3,5	17	5	1,2	58	3,9	4,4	20,4	2,0	34	6	72	70	76	37	760
Andorra	0,1	11	3	0,8	85	0,1	0,1	1,4	1,7	15	12	79	76	82	95	-
Bosnien-Herz.	3,8	13	8	0,5	141	4,3	4,3	12	1,6	22	8	73	71	76	40	-
Griechenland	10,5	10	10	0,0	6931	10,6	10,2	6,3	1,3	16	16	78	75	80	59	11640
Italien	57,7	9	10	0	-	57,5	54,8	5,5	1,2	15	17	78	75	81	90	20170
Jugoslawien	10,6	12	11	0,2	365	11,2	11,4	13	1,7	21	13	72	70	75	51	-
Kroatien	4,6	12	11	0,1	990	4,6	4,3	6,7	1,7	20	12	72	69	76	54	4060
Malta	0,4	13	8	0,5	136	0,4	0,4	6,4	2,0	21	12	78	75	80	89	9330
Mazedonien	2,0	15	8	0,7	107	2,0	2,0	15,7	1,8	24	9	72	70	75	59	1100
Portugal	10,0	11	11	0,1	770	9,9	9,4	6,4	1,5	17	15	75	71	79	48	11010
San Marino	0,03	11	7	0,4	165	0,03	0,03	6,8	1,2	15	15	76	73	79	89	-
Slowenien	2,0	9	9	-0,1	-	2,0	2,0	4,8	1,2	17	13	75	71	79	50	9840
Spanien	39,4	9	9	0,0	1980	39,8	39,0	5,5	1,2	15	16	78	74	82	64	14490

---

2 Mögliche Konsequenzen eines „ungebremsten" Bevölkerungswachstums

---

M. Wöhlcke: Konsequenzen des globalen Bevölkerungswachstums für die internationale Politik.
In :"Aus Politik und Zeitgeschichte" (Beilage zur Wochenzeitung Das Parlament), 5. März 1999 (Auszüge)

Das Bevölkerungswachstum wird die Hierarchie des internationalen Systems verändern. Im Jahre 2025 werden 16 Staaten mehr als 100 Mio. Einwohner haben; darunter werden sich lediglich zwei hochentwickelte Industrieländer befinden (USA und Japan). Folgendes ist zu erwarten: Einige der bevölkerungsreichen Staaten werden den westlichen Einfluss in ihrer Region zunehmend zurückdrängen, verstärkt auf Prozesse der regionalen Integration Einfluss nehmen, zu relevanten wirtschaftlichen Partnern bzw. Konkurrenten der Industrieländer avancieren, größeres Gewicht in den internationalen Organisationen bekommen und einen globalen Mitgestaltungsanspruch erheben.

Als Folge des starken Wachstums der Weltbevölkerung wird der Migrationsdruck der armen auf die reichen Länder immer spürbarer.

Große Migrationsströme produzieren große Minderheiten, und diese assimilieren sich in der Regel schlecht, wenn sie aus einem extrem andersartigen soziokulturellen Umfeld stammen.

Wenn Zuwanderer aus einem sehr andersartigen soziokulturellen Milieu stammen und sich nicht assimilieren wollen bzw. können, besteht die Tendenz zur Herausbildung von Subkulturen und Ghettos, welche die nationale Einheit und die kulturelle Identität des jeweiligen "Staatsvolks" beeinträchtigen können. Statt eines "melting pot" entsteht dann eine segmentierte multikulturelle Gesellschaft, in der ethnische Zugehörigkeit und soziale Schicht häufig miteinander korrelieren (ethnoclass). Dies kann zu erheblichen Spannungen und Konflikten führen, zum Teil mit einer entsprechenden außenpolitischen Resonanz.

.Die Zielländer von Migrationen „importieren" häufig Probleme und Spannungen aus den Herkunftsländern, zum Beispiel organisierte Kriminalität oder politische Konflikte, die auf ihrem Territorium ausgetragen werden, wobei die große Liberalität westlicher Gesellschaften extensiv in Anspruch genommen wird. Bekanntlich reicht dies bis zum offenen Terrorismus. Die Überforderung der Integrationsfähigkeit der einheimischen Bevölkerung - womöglich in Kombination mit der Integrationsunwilligkeit bzw. -unfähigkeit der zugewanderten Minderheit kann Spannungen und fremdenfeindliche Handlungen begünstigen, welche in Konflikt mit den Grundwerten westlicher Gesellschaften stehen, vom außenpolitischen Schaden ganz abgesehen ("Ausländerfeindlichkeit").

Neue Reibungsflächen zwischen Nord und Süd: Immer häufiger wird Migration als politisches Druckmittel eingesetzt. Manche Staaten lassen es sich honorieren, wenn sie ihre Staatsbürger "zurücknehmen". Das in den westlichen Ländern garantierte politische Asyl mag in Zukunft von Despoten auf der ganzen Welt als Erpressungsinstrument benutzt werden, da sie jederzeit nicht nur "Wirtschaftsflüchtlinge", sondern "echte" politische Flüchtlinge produzieren können, zu deren Aufnahme sich die westlichen Länder qua Verfassung verpflichtet haben.

Das explosive Bevölkerungswachstum - namentlich in der Dritten Welt - lässt wenig Hoffnung, dass die anhaltende Unterentwicklung zügig überwunden werden kann. Möglicherweise werden sich die Lebensbedingungen für die unteren Schichten sogar noch verschlechtern. Ein besonderes Problem stellt die sogenannte Jugendlast dar, das heißt die Schwierigkeit, die stark nachwachsenden jungen Generationen sozioökonomisch befriedigend zu integrieren.

Die chaotische Verstädterung schafft zusätzliche Probleme. Abgesehen von der Überforderung der Verwaltung zeigt sich, dass die ärmere Bevölkerung proportional schneller wächst als die reicheren Schichten. Die Slums dehnen sich am schnellsten aus.

Bezüglich der Gefährdung der politischen Stabilität in den Entwicklungsländern ist daran zu erinnern, dass es Minderheitenprobleme nicht nur in den Industrieländern gibt. In vielen Entwicklungsländern enthalten sie ein brisantes Konfliktpotential, das durch anhaltendes Bevölkerungswachstum und Verschiebungen der Größenverhältnisse zwischen den einzelnen Bevölkerungsgruppen zusätzlich verschärft wird.

Ökologisch verursachte bzw. mitverursachte Konflikte von sicherheitspolitischer Relevanz sind zwar noch nicht sehr häufig, aber man muss damit rechnen, dass sie aufgrund der begrenzten Effizienz der internationalen Umweltpolitik in Zukunft an Zahl und Brisanz zunehmen werden. Die Nutzung teilbarer kollek-

tiver Güter wird dann zu einem Problem, wenn deren verfügbare Menge kleiner ist als die Ansprüche aller potentiellen Nutzer. Dies kann sowohl bei nichterneuerbaren wie bei erneuerbaren Ressourcen der Fall sein.

Die Verschärfung aller Probleme und Konflikte - auch ethnischer Auseinandersetzungen - aufgrund von Umweltzerstörung und Ressourcenverknappung kann zur Erosion staatlicher Strukturen und zur Etablierung von Regimen führen, die sich nach innen autoritär und nach außen aggressiv verhalten.

---

3   Der „demographische Übergang"

Ch. Höhn: Weltbevölkerung - Wachstum ohne Ende?
In: "Aus Politik und Zeitgeschichte" (Beilage zur Wochenzeitung Das Parlament), 2.9.1994 (Auszüge)

In den einzelnen großen Regionen der Welt hat sich die Bevölkerung höchst unterschiedlich entwickelt. Diese Unterschiede lassen sich anhand des Konzepts des **demographischen Übergangs** erklären. In einer Jahrhunderte andauernden Phase wuchs die Bevölkerung nahezu unmerklich, denn die Sterblichkeit war so hoch, dass selbst hohe Kinderzahlen nicht zu einem nennenswerten Überschuss der Geburten über die Sterbefälle führten. In Europa und, der Neuen Welt kam es mit einer Modernisierung der Weltanschauungen (z.B. in der Renaissance, der Aufklärung, der Französischen Revolution) zu Fortschritten in der Medizin und der Hygiene. Das hatte zur Folge, dass die Sterblichkeit sank, und zwar typischerweise am stärksten die Säuglings- und Kindersterblichkeit. Bei noch hohen Kinderzahlen wurde so ein Wachstum der europäischen Bevölkerungen eingeleitet, das sich am stärksten im 19. Jahrhundert bemerkbar machte. Viele europäische Länder wurden im 19. Jahrhundert Auswanderungsländer und setzten damit ihren Bevölkerungsdruck im wesentlichen in die Neue Welt frei.

Die Länder der Dritten Welt haben diesen **ersten Teil** des demographischen Übergangs, die **Senkung der Sterblichkeit bei noch hohen Kinderzahlen**, erst im 20. Jahrhunden überwiegend nach dem Zweiten Weltkrieg erlebt. Charakteristisch ist dabei, dass es sich bei ihrem Sterblichkeitsrückgang um einen Vorgang handelt, der weitgehend von außen eingeleitet wurde (durch Kolonialherren bzw. durch humanitäre Entwicklungshilfe), also nicht so sehr durch eigene Entwicklung.

Die **zweite Phase** des demographischen Übergangs beinhaltet einen **Rückgang der durchschnittlichen Geburtenzahlen**. Mit Einsetzen eines Geburtenrückgangs wird die Dynamik des Bevölkerungswachstums gebremst, die Wachstumsraten werden allmählich kleiner. Nach mehreren Jahrzehnten hört schließlich das Bevölkerungswachstum auf.

In Europa und der Neuen Welt beginnt die freiwillige, auf individueller Motivation beruhende Begrenzung der Kinderzahl gegen Ende des 19. Jahrhunderts. Eine solche Begrenzung der Kinderzahl erfolgte ohne die heutigen modernen Methoden der Kontrazeption, vielfach auch gegen staatlichen Widerstand und entgegen der kirchlichen Lehre. Der (ökonomische) Wert der Kinder sank, da Kinder nicht mehr als billige Arbeitskräfte zur Verfügung standen (Schulpflicht, Verbot der Kinderarbeit, Rückgang der arbeitsintensiven Landwirtschaft), da Kinder nicht mehr zur Sicherung der Eltern benötigt wurden (Einführung der Rentenversicherung, Herausbildung des Wohlfahrtsstaates) und da Kinder zunehmend Kosten verursachten (Ausbildung). In neuerer Zeit kommen die sogenannten **Opportunitätskosten** von Kindern in Form von Zeit (Konkurrenz zu alternativer Zeitverwendung wie Reisen, Freizeit) und entgangenen Einkommen (Erwerbstätigkeit der Frauen) hinzu. Aus der Sicht der meisten Menschen in den Industrieländern ist es nicht notwendig, Kinder zu haben. Kinder zu haben ist zwar für viele Menschen dort ein sehr wichtiges Lebensziel, doch kann dieses auch mit ein oder zwei Kindern erreicht werden.

Die demografische Folge dieser veränderten Motivationslage ist ein **rapider Geburtenrückgang** seit dem Ende des 19. Jahrhunderts. Und ein Ende des Geburtenrückgangs in den Industrieländern zeichnet sich auf einem Niveau deutlich unter dem Generationenersatz, (das wären durchschnittlich 2,1 Kinder je Frau) bestenfalls in Umrissen ab. 1985-1990 verzeichneten alle europäischen Regionen und Nordamerika (wie auch Japan, Australien und Neuseeland) weniger als 2,1 Geburten je Frau. In diesem Zeitraum betrug die durchschnittliche Geburtenzahl für die Industrieländer insgesamt 1,92.

In den meisten Regionen der **Dritten Welt** gab es seit 1950 - im wesentlichen seit den späten sechziger Jahren - **ebenfalls einen Geburtenrückgang**. So sank die durchschnittliche Geburtenzahl je Frau in den Entwicklungsländern von 6,19 (1950-1955) auf 3,9 (1985-1990). Besonders stark war der Geburtenrückgang in Ostasien von 5,72 (1950-1955) auf 2,3 (1985-1990) Geburten je Frau, wobei diese Entwicklung von der in China, dem bevölkerungsreichsten Land der Welt, maßgeblich geprägt ist. Aber auch in Südostasien, in Lateinamerika, im südlichen Afrika, in Südasien (mit Indien), in Nordafrika und in Westasien sind von 1950/1955 bis 1985/1990 mehr oder minder starke Geburtenrückgänge eingetreten. Dagegen ist es in Ost-, Zentral- und Westafrika von 1950/1955 bis 1985/ 1990 sogar zu einem leichten Anstieg des Geburtenniveaus gekommen.

Die unterschiedlichen **Muster der Geburtenentwicklung in den Großregionen** der Welt bis -1985/ 1990 lassen zweifellos unterschiedliche Annahmen über eine denkbare zukünftige Entwicklung zu. Die Annahmen der Bevölkerungswissenschaftler der Vereinten Nationen in den niedrigen, mittleren und hohen Vorausschätzungsvarianten (siehe Tabelle 2) sind von der "Theorie" des demografischen Übergangs inspiriert. Dieser "Theorie" zufolge, der allerdings die empirische Basis fehlt, sollen sich nach Ende des demographischen Übergangs Geburtenniveau und Sterblichkeit in ein neues Gleichgewicht auf niedrigem Niveau einpendeln, so dass es erneut (vorher existierte ein labiles Gleichgewicht aus hoher Sterblichkeit und hohem Geburtenniveau) zu einem Null-Wachstum der Bevölkerungen kommt. Dies bedeutet das Erreichen eines Geburtenniveaus von 2,1 Kindern je Frau weltweit.

Je nachdem, welche Variante eintritt, d. h., wie sich das Geburtenniveau entwickeln wird, werden die Bevölkerungen von 1990 bis zum Jahr 2025 sich recht unterschiedlich entwickeln. Die Bevölkerungen der Industrieländer würden nach der plausiblen niedrigen Variante in diesen 35 Jahren nur noch ganz gering um knapp sieben Prozent wachsen. Stärker ist der zu erwartende Bevölkerungszuwachs in Asien und Lateinamerika, wo nach der unteren Variante ein 50prozentiger, nach der mittleren Variante ein ca. 60prozentiger und nach der höheren Variante ein etwa 70prozentiger Zuwachs möglich ist. Man beachte, dass allein in Asien im Jahr 2025 nach der hohen Variante 5,2 Milliarden Menschen leben werden so, viele, wie 1990 auf der Welt insgesamt.

Am dramatischsten stellt sich die Bevölkerungsentwicklung für **Afrika** dar. Dort ist 2025 gegenüber 1990 mehr als eine Verdoppelung der Bevölkerung zu erwarten: ein Zuwachs nach der wenig plausiblen niedrigen Variante auf das 2,3fache, nach der mittleren optimistischen Variante auf knapp das 2,5fache und nach der hohen Variante auf mehr als das 2,6fache. [...]

Tabelle 2: Entwicklung der Geburtenhäufigkeit in den Kontinenten und großen Regionen der Welt 1950–1990 und verschiedene Annahmen der Vereinten Nationen zur zukünftigen Entwicklung bis 2025

Kontinent/Region	Geburten je Frau*							
	1950–1955	1985–1990	1995–2000 niedrige | mittlere | hohe Variante			2020–2025 niedrige | mittlere | hohe Variante		
Welt	5,00	3,43	2,87	3,08	3,30	1,96	2,36	2,74
Industrieländer	2,83	1,92	1,76	1,97	2,15	1,57	1,90	2,16
Entwicklungsländer	6,19	3,90	3,16	3,38	3,61	2,03	2,44	2,85
Europa	2,59	1,71	1,60	1,78	1,96	1,68	1,83	2,13
Osteuropa	3,09	2,10	1,82	2,07	2,30	1,60	1,95	2,29
Nordeuropa	2,32	1,84	1,77	1,99	2,18	1,57	1,82	2,06
Südeuropa	2,69	1,54	1,43	1,54	1,70	1,40	1,85	2,18
Westeuropa	2,39	1,58	1,53	1,72	1,89	1,43	1,75	2,03
Afrika	6,65	6,25	5,27	5,55	5,85	2,99	3,44	3,89
Ostafrika	6,78	6,86	5,85	6,26	6,68	3,32	3,80	4,28
Zentralafrika	5,91	6,53	5,63	6,04	6,44	3,36	3,83	4,29
Nordafrika	6,83	5,10	4,05	4,22	4,45	2,02	2,48	2,97
Südl. Afrika	6,46	4,50	3,80	3,93	4,06	2,04	2,47	2,90
Westafrika	6,75	6,85	5,83	6,05	6,30	3,28	3,68	4,09
Asien	5,93	3,45	2,76	2,97	3,17	1,72	2,15	2,54
Ostasien	5,72	2,30	1,77	2,00	2,21	1,50	1,86	2,11
Südostasien	6,03	3,73	2,72	3,01	3,25	1,61	2,10	2,57
Südasien	6,11	4,66	3,77	3,93	4,10	1,81	2,29	2,77
Westasien	6,81	5,04	4,19	4,34	4,52	2,48	2,87	3,31
Nordamerika	3,47	1,89	1,88	2,10	2,28	1,59	1,80	2,01
Lateinamerika	5,88	3,40	2,56	2,78	3,08	1,98	2,17	2,53
Australien und Ozeanien	3,83	2,52	2,37	2,53	6,65	1,75	2,09	2,36

* Summe der altersspezifischen Geburtenziffern je 1 000 Frauen im Alter von 15 bis unter 45 Jahren.

Quelle: United Nations World Population Prospects, 1992 Revision, New York 1992.

4 Projektionen und Prognosen der künftigen globalen Bevölkerungsentwicklung

Charlotte Höhn: Weltbevölkerung - Wachstum ohne Ende?

In: "Aus Politik und Zeitgeschichte" (Beilage zur Wochenzeitung Das Parlament), 2. 9. 1994 (Auszüge)

[...] Für die weitere Entwicklung ist neben der Geburtenentwicklung in erheblichem Ausmaß der pyramidenförmige Altersaufbau der Weltbevölkerung und damit die bisherige tatsächliche Bevölkerungsentwicklung entscheidend. Wie die folgende Abbildung verdeutlicht, lebten 1950 2,5 Milliarden Menschen auf der Welt. Die Weltbevölkerung hat sich bis 1990 wegen des pyramidenförmigen Altersaufbaus und der bis in die sechziger Jahre anhaltend hohen durchschnittlichen Kinderzahlen binnen 40 Jahren mehr als verdoppelt. Erste Anzeichen einer Abschwächung der Bevölkerungsdynamik sind bereits 1990 durch eine relativ schmalere Bevölkerungsbasis erkennbar. In der Tat sind in den sechziger Jahren die Wachstumsraten der Weltbevölkerung am größten gewesen und seitdem rückläufig. Solange die Wachstumsraten aber noch positiv sind, wächst die Bevölkerung in absoluten Zahlen.

Während der Altersaufbau über jährlich wachsende Zahlen an potentiellen zukünftigen Eltern ein weiteres Bevölkerungswachstum unausweichlich macht, bestimmt die zukünftige Geburtenhäufigkeit (die durchschnittliche Geburtenzahl je Frau), wie lange die Weltbevölkerung noch wächst.

Je nachdem, ob die durchschnittliche Geburtenzahl von derzeit im Weltdurchschnitt 3,3 Geburten je Frau auf 1,7 (untere Variante/Geburtenannahme) oder auf 2,1 (mittlere Variante) bzw. auf 2,3 Geburten je Frau (hohe Variante) weiterhin zurückgeht, wird die Weltbevölkerung unterschiedlich stark wachsen. Bei der unteren/niederen Variante wüchse die Weltbevölkerung im Vergleich zu 1994 nur noch um 2,3 Milliarden auf 7,9 Milliarden bis zum Jahr 2025 und ginge danach bis zum Jahr 2150 auf 4,3 Milliarden zurück. Bei der mittleren Variante würde sich die Weltbevölkerung erst nach einer Verdoppelung auf 11,5 Milliarden Menschen im Jahre 2150 stabilisieren, d. h. danach nicht mehr wachsen, aber auch nicht zurückgehen. Bei der hohen Variante des angenommenen Geburtenrückgangs erreichte die Weltbevölkerung im Jahre 2150 28 Milliarden und wurde auch danach weiter wachsen.

Die Einschätzung plausibler durchschnittlicher Geburtenzahlen je Frau und deren Veränderungsgeschwindigkeit ist notwendigerweise spekulativ, und daher fehleranfällig.

Langfristige Vorausschätzungen zeigen aber recht gut, dass der zukünftigen Geburtenentwicklung große Bedeutung zukommt. Man vergegenwärtige sich anhand der Ergebnisse in Tabelle 1, dass höchst unterschiedliche Gesamtbevölkerungen entstehen, obwohl die Geburtenannahmen nur zwischen einer zu erreichenden durchschnittlichen Geburtenzahl von 1,7 bis 2,3 Kindern je Frau variieren. Die Auswirkungen dieses bedeutsamen Phänomens der demographischen Dynamik werden bei langfristiger Betrachtungsweise - hier bis zum Jahr 2150 - deutlicher als bei kürzerfristigen Berechnungen, bei denen die vorgegebene Altersstruktur dominanter ist als die Annahme über die durchschnittliche Geburtenzahl. Immerhin ist aber auch im Vergleich der niedrigen und der mittleren Annahme für das Jahr 2025 eine deutliche Auswirkung auf die Altersstruktur (vgl. Abbildung) zu konstatieren, und der Unterschied in der Weltbevölkerung insgesamt macht immerhin gut 900 Millionen und 2050 bereits 1200 Millionen Menschen aus (vgl. Tabelle 1). [...]

Tabelle 1: Geschätzte und vorausberechnete Weltbevölkerung nach den wichtigsten Annahmenverlängerungen 1990–2150 (in Millionen)

Jahr / durchschnittliche Geburtenzahl	Niedrig	Mittel	Hoch
1990	5 262	5 292	5 327
2000	6 093	6 261	6 420
2025	7 591	8 504	9 444
2050	7 813	10 019	12 506
2075	7 082	10 841	15 708
2100	6 009	11 186	19 156
2125	5 071	11 390	23 191
2150	4 299	11 543	28 025

Quelle: United Nations, Long-range World Population Projections 1950–2150, New York 1992.

Abbildung: Bevölkerungspyramiden der Weltbevölkerung 1950, 1990 und 2025

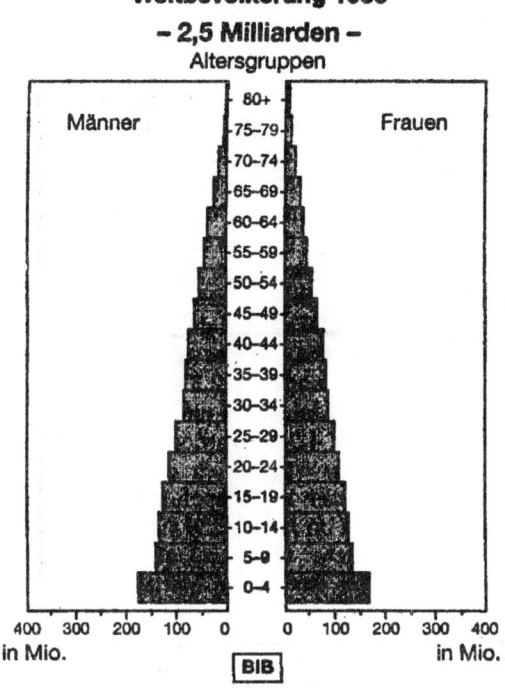

Weltbevölkerung 1950
– 2,5 Milliarden –

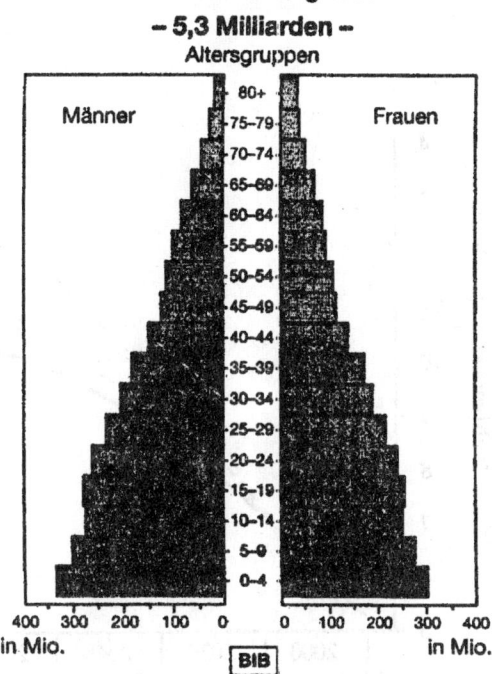

Weltbevölkerung 1990
– 5,3 Milliarden –

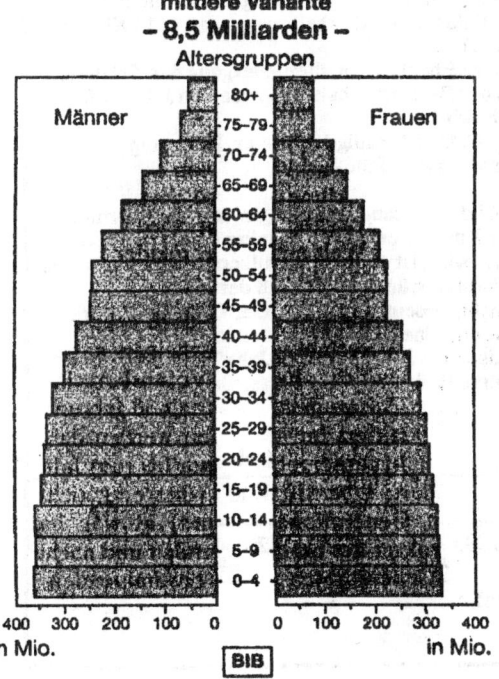

Weltbevölkerung 2025
mittlere Variante
– 8,5 Milliarden –

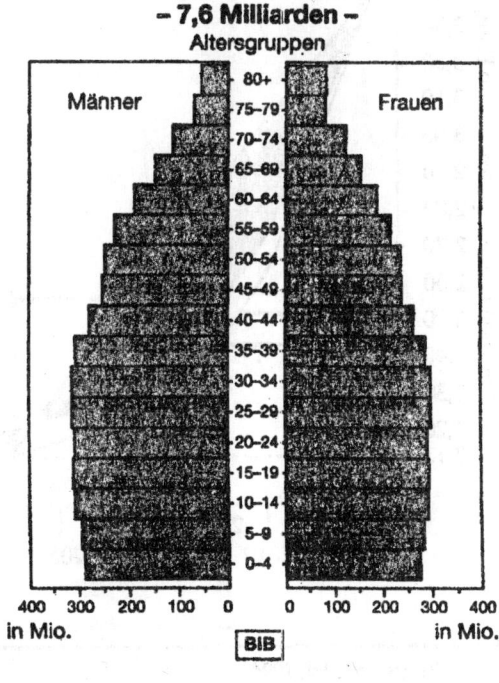

Weltbevölkerung 2025
niedrige Variante
– 7,6 Milliarden –

Schaubild 1: Weltbevölkerungswachstum für unterschiedliche Formen des Rückgangs der Fertilitätsrate auf das Bestandserhaltungsniveau

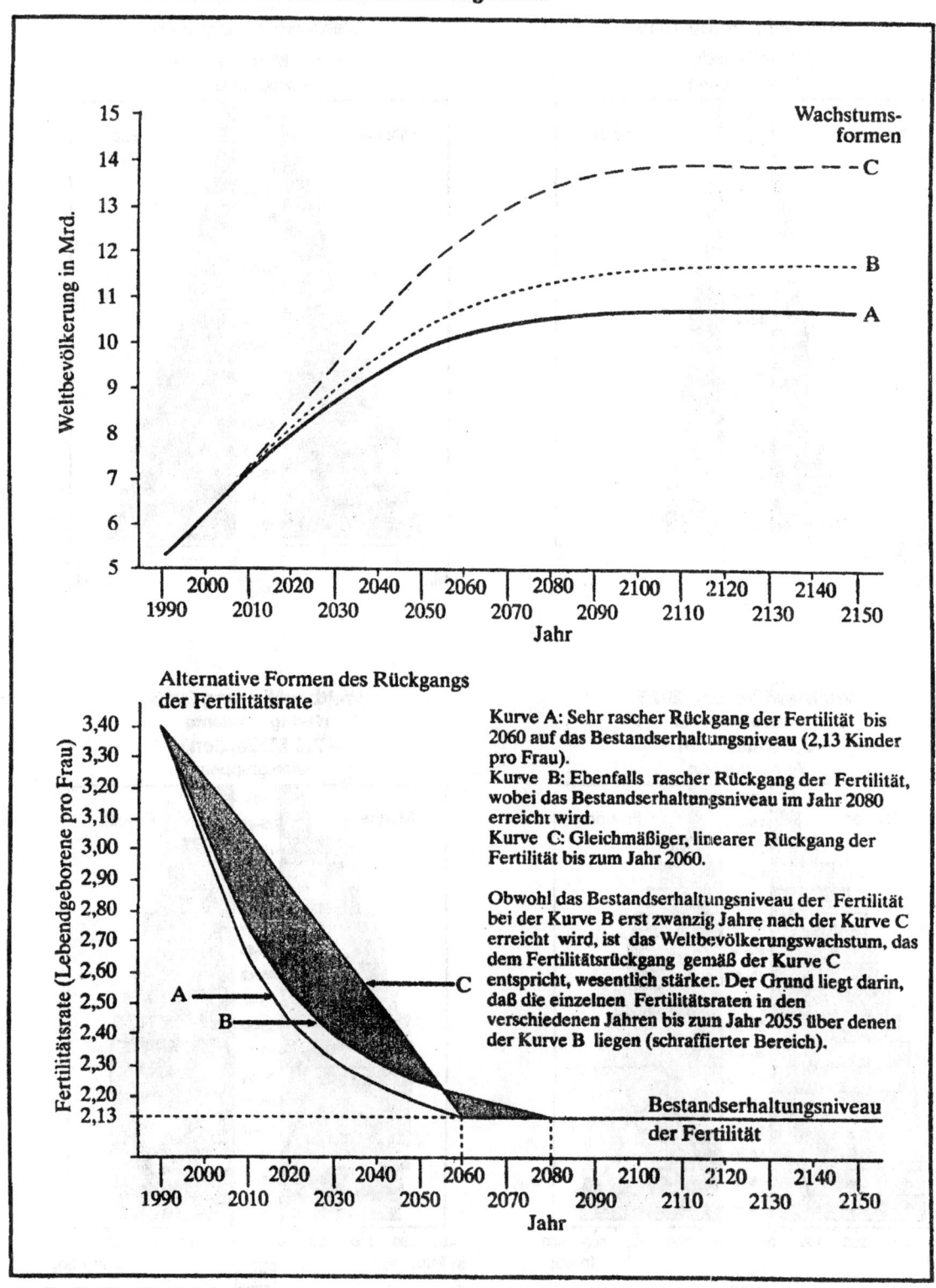

Kurve A: Sehr rascher Rückgang der Fertilität bis 2060 auf das Bestandserhaltungsniveau (2,13 Kinder pro Frau).

Kurve B: Ebenfalls rascher Rückgang der Fertilität, wobei das Bestandserhaltungsniveau im Jahr 2080 erreicht wird.

Kurve C: Gleichmäßiger, linearer Rückgang der Fertilität bis zum Jahr 2060.

Obwohl das Bestandserhaltungsniveau der Fertilität bei der Kurve B erst zwanzig Jahre nach der Kurve C erreicht wird, ist das Weltbevölkerungswachstum, das dem Fertilitätsrückgang gemäß der Kurve C entspricht, wesentlich stärker. Der Grund liegt darin, daß die einzelnen Fertilitätsraten in den verschiedenen Jahren bis zum Jahr 2055 über denen der Kurve B liegen (schraffierter Bereich).

Quelle: H. Birg/C. Weßel, 1994.

Schaubild: Das globale Bevölkerungswachstum, 1750–2100

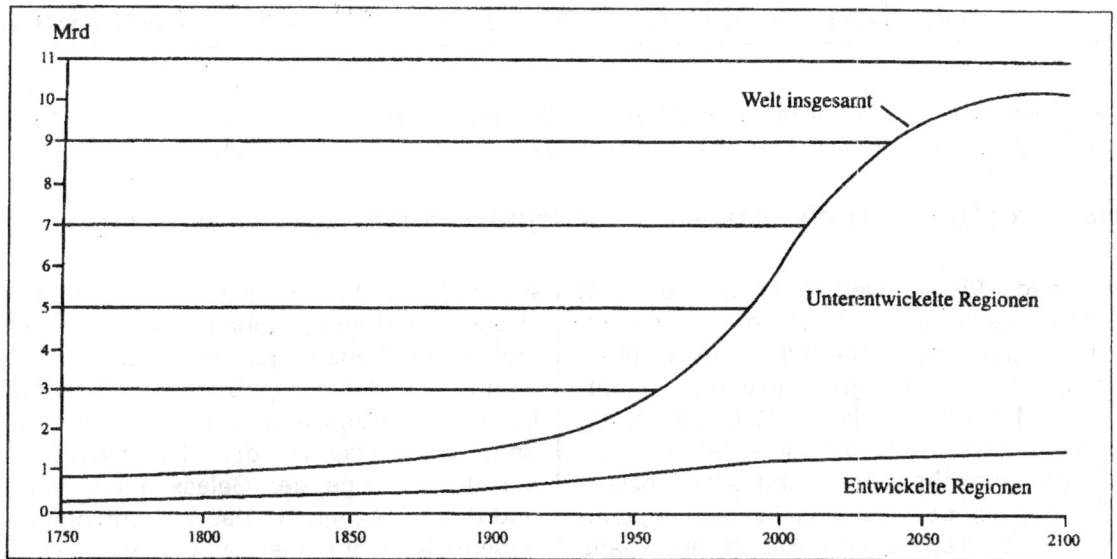

Quelle: Thomas W. Merrick u. a., World Population in Transition, in: Population Bulletin, 42 (1986) 2, Schaubild 1, S. 4;
entnommen aus: The World Resources Institute/The International Institute for Environment and Development
(Hrsg.), World Resources 1988/89, New York 1988, S. 16.

Für das globale Bevölkerungswachstum wird geschätzt, dass die Wachstumsgrenze (also Null-Prozent-Wachstum) in rund
100 Jahren bei einer Gesamtbevölkerung zwischen zehn und 14 Mrd. erreicht wird.
In den Entwicklungsländern leben ca. drei Viertel der Weltbevölkerung, und diese sind für rund 90 Prozent des globalen
Bevölkerungszuwachses (von gegenwärtig jährlich ca. 80-90 Mio. Menschen) verantwortlich. Die Bevölkerung der Entwicklungsländer wird sich innerhalb der kommenden 50 Jahre annähernd verdoppeln. Ihr Anteil an der Weltbevölkerung, der im
Jahre 1995 knapp 80 Prozent betrug, wird bis zum Jahre 2050 auf knapp 90 Prozent steigen. In absoluten Zahlen bedeutet
dies einen Bevölkerungszuwachs von 3,8 Mrd. Um
diese Zahl angemessen einzuschätzen, sei erwähnt, dass sie mehr als doppelt so groß ist wie diejenige der gesamten Weltbevölkerung im Jahre 1900.
Obwohl die Fertilität durchschnittlich (je Frau) zurückgeht, werden insgesamt mehr Kinder geboren, weil es eben mehr Frau-
en im gebärfähigen Alter gibt. Dadurch entsteht ein lawinenartiger Effekt, den wir weltweit gerade erleben. Zur Zeit lebt die
größte jugendliche Generation der gesamten Menschheitsgeschichte. Erst wenn die Fertilität auf das "Ersatzniveau" gefallen
ist, wird sich die Bevölkerung (auf einem hohen Niveau) stabilisieren. In einigen Industrieländern nimmt sie bekanntlich sogar
wieder ab. [...]

Weltbevölkerungsprojektionen nach Regionen 1995 bis 2150 (in Mio)

Jahr	1995	2000	2050	2100	2150
Welt	5692	6114	9578	10958	11401
Entwicklungsländer	4448	4842	8222	9589	10013
Industrieländer	1245	1273	1367	1379	1399
nach Kontinenten					
Afrika	719	821	1999	2643	2827
Asien	3443	3703	5638	6289	6509
Lateinamerika	475	512	804	883	906
Nordamerika	295	309	374	384	388
Europa	731	737	721	714	726
Ozeanien	29	31	42	45	46

Quelle : Weltbank-Daten, mittlere Variante

5 Geburtenrückgang durch Familienplanungsprogramme oder durch soziale und wirtschaftliche Entwicklung?

H, Birg: Weltbevölkerung, Entwicklung und Umwelt - Dimensionen eines globalen Dilemmas, in: "Aus Politik, und Zeitgeschichte" (Beilage zur Wochenzeitung Das Parlament), 2, 9. 1994. (Auszüge)

Geburtenrückgang durch Familienplanungsprogramme oder/und Entwicklung?

Entscheidend für die weitere Entwicklung ist, wie schnell es zu einem weiteren oder, im Falle Ost-, Mittel- und Westafrikas, ob es überhaupt zu einem Geburtenrückgang kommt. Dabei ist für die politische Rahmensetzung wichtig zu wissen, ob ein Geburtenrückgang die Folge wirtschaftlicher und/oder sozialer Entwicklung ist oder ob Familienplanungsprogramme und -dienste den Geburtenrückgang wesentlich bestimmen.

Es handelt sich hier um eine keineswegs nur akademische Streitfrage, sondern vielmehr um eine Frage von höchster politischer Bedeutung. Schließlich wird die Ausgestaltung der Entwicklungs- und der Bevölkerungspolitik hiervon entscheidend beeinflusst. Und so hat denn auch diese Frage sowohl auf der Weltbevölkerungskonferenz 1974 in Bukarest als auch auf der Internationalen Konferenz für Bevölkerung 1984 in Mexico City eine große Rolle gespielt. [...]

Beginnen wir mit der Erläuterung der Wirkungszusammenhänge in Schaubild 3 bei der Bevölkerungszahl. Sie steht in einem direkten Zusammenhang mit der Arbeitskräftezahl, wobei wir hier der Einfachheit halber von zusätzlichen Einflüssen der Alters- und Geschlechtsstruktur und des Erwerbsverhaltens auf die Arbeitskräftezahl absehen (Pfeil 1). Die Arbeitskräftezahl beeinflusst ihrerseits das Bruttosozialprodukt (Pfeil 2) und dieses das Ausmaß des volkswirtschaftlichen Spar- bzw. Investitionsvolumens (Pfeil 3), von dem wiederum die Menge des in der Volkswirtschaft verfügbaren physischen Produktionskapitals (Fabrikationsanlagen, Infrastruktur) abhängt. Je höher die Menge an Produktionskapital pro Arbeitskraft (= Kapitalintensität) ist, desto größer ist die Menge der hergestellten Güter pro Arbeitkraft (= Arbeitsproduktivität), und desto höher das Pro-Kopf-Einkommen (Pfeil 4).

Ein anderer Wirkungsstrang beginnt ebenfalls bei der Bevölkerungszahl und setzt sich auch bis zum Pro-Kopf-Einkommen fort: Es ist plausibel anzunehmen, dass in einer wachsenden Bevölkerung mit vielen jungen, gut ausgebildeten und mobilen Menschen, die über den neu-esten Stand des wissenschaftlich-technischen Wissens verfügen, mehr Erfindungen gemacht und mehr Neuerungen durchgesetzt werden als in einer demographisch alten Gesellschaft, in der die Menschen mehr einen betrachtenden, rückwärtsgewandten Lebensstil pflegen, der die Vorzüge der Gelassenheit, der Reife und des Rückzugs auf das Wesentliche betont. Jedenfalls wäre die umgekehrte Annahme, dass der technische Fortschritt um so intensiver ist, je älter eine Bevölkerung ist - bzw. die Annahme, dass zwischen Altersstruktur und technischem Fortschritt überhaupt kein Zusammenhang existiert - weniger plausibel (Pfeil 5).

Neben zahllosen anderen Einflussgrößen ist der technische Fortschritt auch davon abhängig, welchen Umfang die volkswirtschaftliche Produktion hat (Zwang zu technischen Neuerungen bei großen Stückzahlen, Serienfertigung, Automatisierung usw.). Deshalb führt ein weiterer Pfeil vom Sozialprodukt als Maß für die Menge an produzierten Gütern und Dienstleistungen zum technischen Fortschritt (Pfeil 6). Wir konzentrieren uns in diesem Schema auf die Höhe des. Sozialprodukts als Quelle des technischen Fortschritts (weitere sind unter anderem die Qualität der Ausbildung- und kulturelle Faktoren wie das Leistungsstreben), und kehren zum Pro-Kopf-Einkommen zurück, das von der Intensität des technischen Fortschritts unmittelbar abhängt (Pfeil 7).

Wir gehen nun von den ökonomischen zu den demo-ökonomischen Wirkungszusammenhängen über, den Zusammenhängen zwischen ökonomischen und demographischen Größen: Je höher das Pro-Kopf-Einkommen in einem Land ist, desto größer ist unter sonst gleichen Umständen (diese Bedingung gilt unausgesprochen immer) das entgangene Lebenseinkommen, wenn eine Frau auf ein eigenes Einkommen durch Erwerbsarbeit verzichtet, um Kinder großzuziehen. Wir bezeichnen dieses entgangene Einkommen als ökonomische Opportunitätskosten (Pfeil 8), wobei der Begriff "Kosten" im Sinne von "unter anderen Bedingungen möglich erscheinendes Einkommen" verwendet wird, nicht im Sinne von realen Ausgaben.

Die biographische Fertilitätstheorie besagt, dass die Vielfalt biographischer Entwicklungsmöglichkeiten im langfristigen Trend zunimmt und damit die biographischen Opportunitätskosten und Festlegungsrisiken steigen. Das hat zur Folge, dass langfristige Festlegungen vermieden werden, so dass mehr und mehr Geburten unterbleiben und die Kinderlosigkeit zunimmt (Pfeil 9). Hinzu kommt, dass die biographischen Opportunitätskosten gerade in dem für die Familiengründung wichtigen Altersbereich von 20 bis 35 Jahren größer sind als in höherem Alter und von Jahrgang zu Jahrgang weiter zunehmen, so dass der Kinderwunsch aufgeschoben und dann oft ganz auf Kinder verzichtet wird (Pfeil 10). In der sozialwissenschaftlichen Literatur wird dieser Prozess als Wertewandel und als demographischer Wandel thematisiert. [...]

Der Wandel des generativen Verhaltens ist somit das ungeplante, ungewollte und unvermeidliche Ergebnis des sozio-ökonomischen Entwicklungsprozesses. Je weiter ein Land in seiner Entwicklung fortgeschritten ist, desto stärker wirken sich die Einführung und der Ausbau von kollektiv finanzierten wohlfahrtsstaatlichen Einrichtungen wie Alters- und Krankenversicherung (demnächst auch die Pflegeversicherung) als zusätzlicher Faktor zu den biographisch-individuellen Faktoren aus. Im Ergebnis weicht dann die Geburtenrate um so mehr von dem für die Bestandserhaltung der Bevölkerung erforderlichen Niveau ab, je größer der individuelle Wohlstand und die kollektive Wohlfahrt sind (Pfeil 11). Mit der Geburtenrate sind wir im Schaubild 3 wieder am Beginn der Betrachtung angelangt - der Kreis schließt sich in der Weise, dass die niedrige Geburtenrate zu einer Verlangsamung des Wachstums oder sogar zu einem Schrumpfen der Bevölkerung führt (Pfeil 12), wie dies z. B. in der Bundesrepublik der Fall ist. Die Überlegungen lassen sich auch auf die Entwicklungsländer anwenden, in denen der Industrialisierungsprozess den demographischen Wandel fördert. Dies gilt insbesondere für einige Länder und Stadtregionen in Asien, wo die „Revolution des generativen Verhaltens" bereits zu einem drastischen Rückgang der Geburtenraten führte. [...]

Schaubild 3: Schema demo-ökonomischer Wirkungszusammenhänge

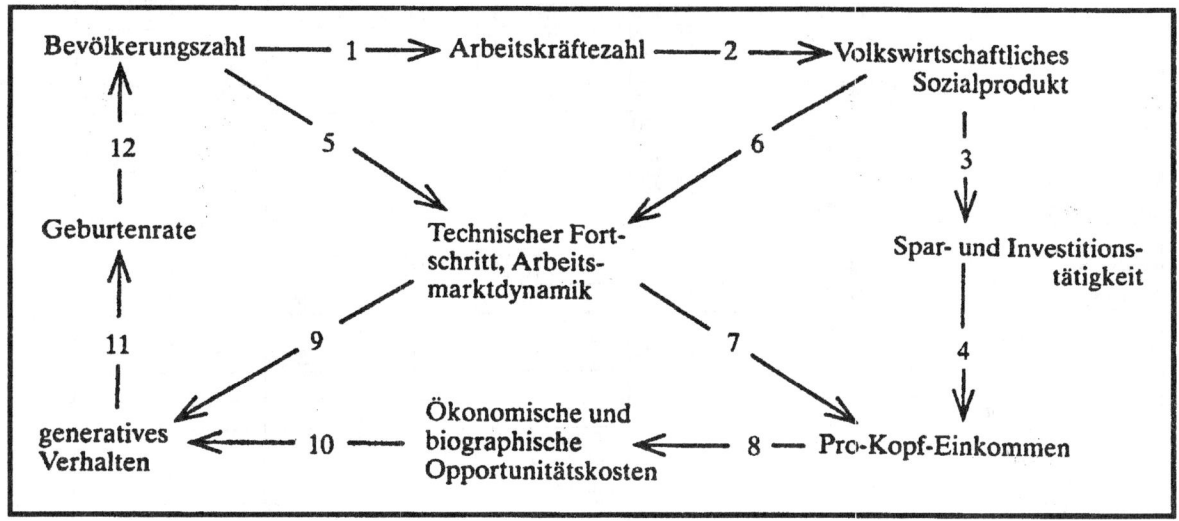

6　Die gegenwärtige Welternährungssituation

Flächennutzung und Erträge in ausgewählten Ländern

Fläche 1996, Anbau- und Ernteangaben 1997
Quelle : IMA (Hrsg) : Agrimente 98　(Broschüre), Hannover 1998

	Landfläche 1]	Ackerland/ Dauerkulturen	Grünland/ Wald 2)	Weizen Fläche	Weizen Ertrag	Reis Fläche	Reis Ertrag	Baumwolle 3) Ertrag
	1000 ha	1000 ha	1000 ha	1000 ha	dt/ha	1000 ha	dt/ha	1000 t
EUROPA	472.578	135.392	337.186	27.471	47,5	439	60,8	478
EU (15 Mitgl)				16.410	55,5			
Deutschland	34.927	12.064	22.863	2.728	72,8			
Ungarn	9.234	5.,36	4.798	1.250	42,2	3	22,5	
Polen	30.442	14.452	15.990	2.555	32,1			
Russland	1.688.850	132.980	1.555.870	25.000	17,7	164	20,0	
AFRIKA	2.963.568	197.972	2.765.596	8.874	17,7	7.481	21,7	1. 710
Ägypten	99.545	3.266	96.279	1.045	56,0	652	85,7	315
Kenia	56.914	4.520	52.394	160	21,9	10	'45,0	1
Nigeria	91.077	32.909	58.168	25	26,4	2.048	16,0	90
Südafrika	122.104	15.825	106.279	1.382	16,6	1	16,7	27
Marokko	44.630	9.661	34.969	2.493	9,3	10	50,0	1
AMERIKA	3.889.968	384.464	3.505.504	46.327		7.704		5.142
Argentinien	273.669	27.200	246.469	5.674	25,2	225	53,7	325
Mexiko	190.869	27.300	163.569	801	45,5	14	26,1	208
Kanada	922.097	45.500	876.597	11.407	21,3			
USA	915.912	177.000	738.912	25.729	26,7	1.228	66,1	4.132
ASIEN	2.678.234	512.475	2.165.759	87.594	26,8	133.872	39,1	2.856
Indien	297.319	169.700	127.619	26.000	26,5	42.200	29,2	2856
Japan	37.652	4.336	33.316	158	36 ,4	1.953	64,2	
China	932.641	135.072	797.569	30.000	40,9	31. 348	62,1	4.300
Bangladesh	13.017	8.820	4.197	708	20,5	10.177	27,7	25
Australien	768.230	50.221	718.009	10.839	17,1	164	82,4	607
Neuseeland	26.799	3.278	23.521	51	50,2			
WELT gesamt	13.387.019	1.450.838	1.345.318	226.945	26,9	149.811	38,3	19.73

1) ohne Gewässer
2) einschließlich Ödland, Gebäude und Straßen
3) Fasern (Pflückgut entkörnt)

Quelle : IMA (Hersg) : Agrimente '98 (Broschüre) Hannover 1998

Bereits im Jahre 2000 sind weltweit 6,2 Mrd. Menschen zu ernähren. Nach Schätzungen verdoppelt sich die Weltbevölkerung bis zum Jahr 2100 noch einmal. Allerdings ging durch Umweltschäden und Industrialisierung in den letzten Jahrzehnten sowohl in den Industrie- als auch in den Entwicklungsländern Ackerland verloren. Vor 40 Jahren stand jeder Person noch ein halber ha Ackerfläche zur Verfügung. Heute (1998) ist es nur noch ein Viertel Ha und für 2020 wird weniger als ein Fünftel ha geschätzt. Deshalb ist das Prinzip der Nachhaltigkeit (Sustainability) von großer Bedeutung. Weltweit müssen Methoden gefunden werden, die nicht nur kurzfristig die Menschen ernähren, sondern die auch langfristig das Ertragspotential der Fläche erhalten und steigern können. (Agrimente 1998)

31

Durchschnittliches tägliches Nahrungsangebot pro Kopf 1988-90 und 1992

Kontinent/Land	Energie-Rat. in Kilokalorien 1988-90	%	Protein in g 1988-90	%	Fett in g 1988-90	%	Energie-Rat. in Kilokalorien 1992	%	Protein in g 1992	%	Fett in g 1992	%
WELT	2697	78	70,9	70	67,7	46	2718	81	70,8	71	68,7	51
AFRIKA	2348	68	57,7	57	48,6	33	2282	68	56	47,3	35	
Ägypten	3310	95	84,6	84	75,6	51	3335	100	87,3	87	64,3	47
Burkina Faso	2219	64	68	67	44,9	31	2387	71	69,9	70	44,3	33
Somalia	1874	54	60,7	60	64,5	44	1499	45	43,5	43	42,2	31
Zimbabwe	2256	65	54,1	54	53,4	36	1985	59	52,9	53	50,8	37
NORDAMERIKA	3333	96	96,1	95	127,3	86	3383	101	96,9	97	127,8	94
Haiti	2005	58	48,1	48	38,1	26	1706	51	40,3	40	24,5	18
Kanada	3242	93	101,8	101	137,1	93	3094	93	96,1	96	132,8	98
USA	3642	105	109,9	109	154,4	105	3732	112	112,9	113	156,1	115
SÜDAMERIKA	2624	76	64,3	64	73,8	50	2689	80	67,4	67	78,1	57
Argentinien	3068	88	99,2	98	107,1	73	2880	86	99,3	99	100,1	74
Peru	2037	59	53,7	53	37	25	1882	56	49,3	49	36,2	27
ASIEN	2494	72	62	61	46,2	31	2585	77	64,3	64	51,1	38
Bangladesch	2037	59	42,9	43	20,3	14	2019	60	42,5	42	20,1	15
China	2641	76	64,2	64	46,4	32	2727	82	67,4	67	51,9	38
Indien	2229	64	55,4	55	37,8	26	2395	72	58,1	58	43,8	32
Israel	3220	93	104	103	125,8	85	3050	91	98,7	99	117	86
Japan	2921	84	95,1	94	81,2	55	2903	87	97,8	98	80,4	59
Phillipinen	2341	67	54,3	54	38,2	26	2257	67	52,4	52	37,8	28
EUROPA	3452	99	102,1	101	143,1	97	3410	102	100,6	100	142,9	105
(alte)BRD	3472	100	100,9	100	147,2	100	D: 3344	100	100,2	100	136	100
Island	3473	100	127,6	126	132,3	90	3058	91	123,3	123	111,4	82
Italien	3498	101	107,4	106	145,8	99	3561	106	108,7	108	149,5	110
Schweden	2978	86	94,7	94	126,6	86	2972	89	96,7	97	121,6	89
Schweiz	3508	101	95,2	94	170,9	116	3379	101	93,8	94	157,2	116
Ungarn	3608	104	101,3	100	150	102	3503	105	93,6	93	152,3	112
OZEANIEN	3173	91	90,9	90	120,7	82	3129	94	92,8	93	125	92
Australien	3302	95	99,9	99	134,7	92	3179	95	100,4	100	134,4	99
Polynesien	2756	79	77,1	76	91,9	62	2834	85	80,3	80	103,3	76
Neuseeland	3461	100	104,7	104	145,7	99	3669	110	118,3	118	159,3	117
Frühere UdSSR	3380	97	107,3	106	106,1	72	3332	100	98,4	98	103,2	76
Industrieländer	3404	98	103,5	103	128,4	87						
Entwicklungsländer	2473	71	60,6	60	48,5	33						

Quellen : IMA (Hrsg) : Agrimente '94 (Broschüre) + Agrimente '98 (Broschüre) Hannover 94,98
Alle %-Zahlen bezogen auf Deutschland = 100.

Obwohl die EU und auch andere Regionen der Erde erhebliche Überschüsse bei der Nahrungsmittelproduktion haben, leiden weite Gebiete unter Nahrungsmittelmangel und Hunger. Angesichts des weiteren Anstiegs der Weltbevölkerung besteht weiterhin die dringende Notwendigkeit, die Nahrungsmittelerzeugung zu steigern und zwar besonders in den Hungerregionen selbst. (Agrimente 1994)
Während einem Europäer durchschnittlich 3400 Kilokalorien (kcal) täglich zur Verfügung stehen, gibt es für die Menschen in den Entwicklungsländern nur 2500 kcal. Im Rahmen einer nachhaltigen Entwicklung sind die Entwicklungsländer darauf angewiesen, ihre Produktion zu steigern. Dabei sind lokale und regionale, ökonomische, ökologische und soziokulturelle Gegebenheiten zu berücksichtigen. Patentrezepte gibt es nicht. Es geht auch um den gezielten Einsatz von Handelsdüngern und Pflanzenschutzmitteln, vor allem aber um die Züchtung robuster ertragreicher Nutzpflanzen. Hierbei besteht oft ein reiches genetisches Potential einheimischer Wildpflanzen. Schnellere Fortschritte verspricht der Einsatz der Gentechnik. Außerdem ist es unabdingbar, dass das Landeigentum in der Dritten Welt denen gehört, die es eigenverantwortlich bearbeiten (Agrimente 1998).

Tabelle Zahl der Unterernährten nach Ländergruppen (entsprechend durchschnittlicher Nahrungsenergieversorgung pro Kopf) innerhalb von 93 Entwicklungsländern				
Ländergruppe (durchschnittliche Nahrungs- energieversorgung pro Kopf)	1990 - 1992		2010	
	Insgesamt	Unterernährte	Insgesamt	Unterernährte
	(Millionen)			
< 2 100 Kalorien	402	191	286	141
2 100 - 2 500 Kalorien	1 543	371	736	186
2 500 - 2 700 Kalorien	332	47	1 933	220
> 2 700 Kalorien	1 811	231	2 738	133
93 Entwicklungsländer	4 088	840	5 693	680

Tabelle 1 Durchschnittliche Nahrungsenergieversorgung pro Kopf			
Länder	1969-1971	1990-1992	2010
	(Kalorien/Kopf/Tag)		
Welt	2 440	2 720	2 900
entwickelte Länder	3 190	3 350	3 390
Entwicklungsländer	2 140	2 520	2 770

Tabelle 3 Unterernährte Bevölkerungskreise			
Bevölkerungskreise mit Zugang unterhalb des Ernährungsminimums	1969-1971	1990-1992	2010
Zahl (Millionen)	920	840	680
Anteil in %	35	20	12

Tabelle 2 Bevölkerungskreise, eingestuft nach der durchschnittlichen Nahrungsenergieversorgung pro Kopf			
Ländergruppe (durchschnittliche Nah- rungsenergieversorgung pro Kopf)	1969-1971	1990-1992	2010
	(Millionen)		
<2 100 Kalorien	1 747	411	286
2 100 bis 2 500	644	1 537	736
2 500 bis 2 700	76	338	1 933
>2 700 Kalorien	145	1 821	2 738

aus: Bundesministerium für Ernährung, Landwirtschaft und Forsten (Hrsg.): Nahrung für alle - Welternährungsgipfel 1996. Dokumentation. Bonn 1997 (Broschüre)

Unterernährung: Rund 840 Millionen Menschen leiden an Nahrungsmangel

Als unterernährt gelten Menschen, die weniger als 1700 bis 1960 Kilokalorien am Tag zur Verfügung haben (das Minimum variiert je nach Alter, Geschlecht, Gewicht und Land)[1]

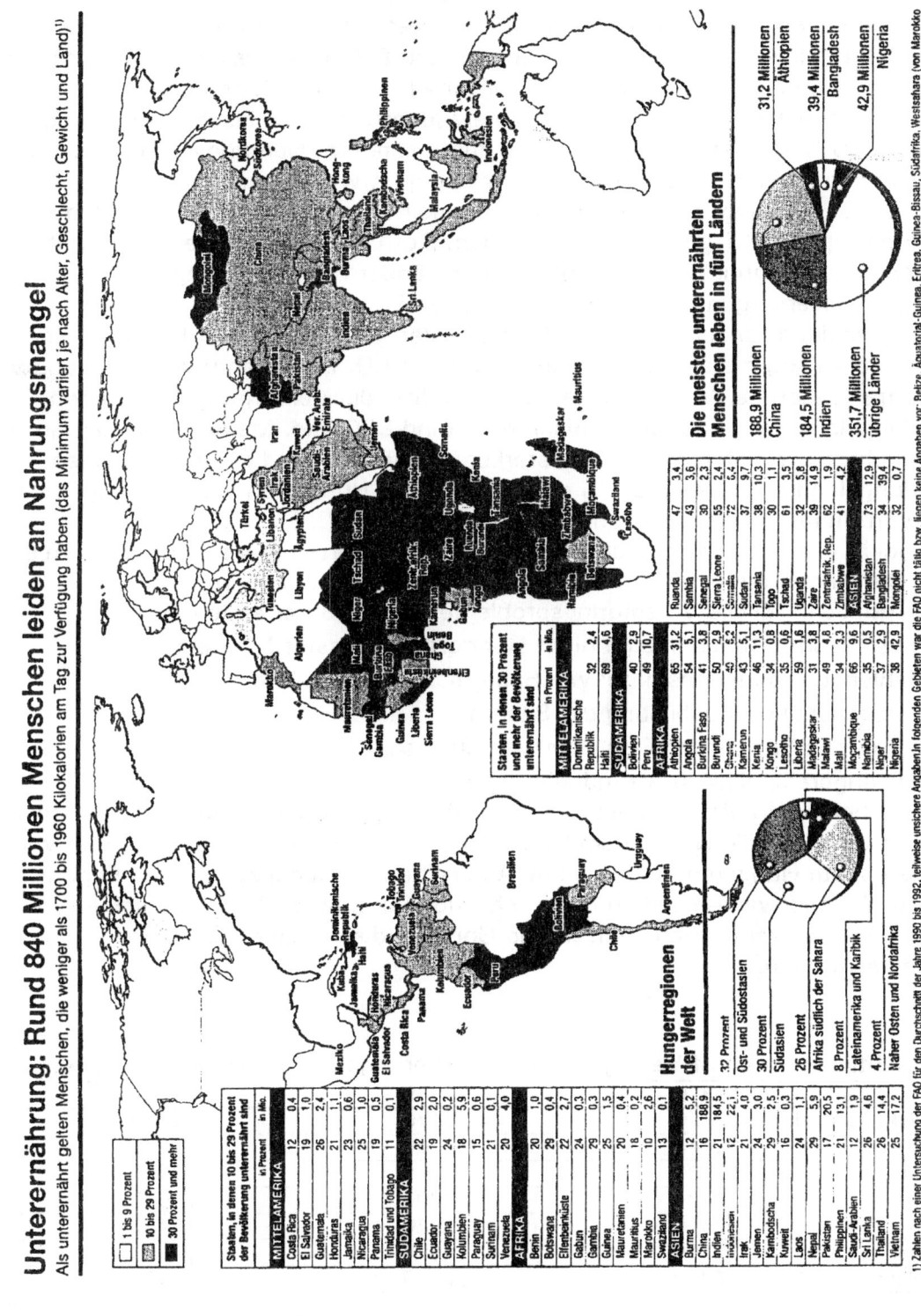

Legende:
- ☐ 1 bis 9 Prozent
- ▨ 10 bis 29 Prozent
- ■ 30 Prozent und mehr

Staaten, in denen 10 bis 29 Prozent der Bevölkerung unterernährt sind

	in Prozent	in Mio.
MITTELAMERIKA		
Costa Rica	12	0,4
El Salvador	19	1,0
Guatemala	26	2,4
Honduras	21	1,1
Jamaika	23	0,6
Nicaragua	25	1,0
Panama	19	0,5
Trinidad und Tobago	11	0,1
SÜDAMERIKA		
Chile	22	2,9
Ecuador	19	2,0
Guayana	24	0,2
Kolumbien	18	5,9
Paraguay	15	0,6
Surinam	21	0,1
Venezuela	20	4,0
AFRIKA		
Benin	20	1,0
Botswana	29	0,4
Elfenbeinküste	22	2,7
Gabun	24	0,3
Gambia	29	0,3
Guinea	25	1,5
Mauretanien	20	0,4
Mauritius	18	0,2
Marokko	10	2,6
Swasiland	13	0,1
ASIEN		
Burma	12	5,2
China	16	188,9
Indien	21	184,5
Indonesien	12	22,1
Irak	21	4,0
Jemen	24	3,0
Kambodscha	29	2,5
Kuwait	16	0,3
Laos	24	1,1
Nepal	29	5,9
Pakistan	17	20,5
Philippinen	21	13,1
Saudi-Arabien	12	1,9
Sri Lanka	26	4,6
Thailand	26	14,4
Vietnam	25	17,2

Staaten, in denen 30 Prozent und mehr der Bevölkerung unterernährt sind

	in Prozent	in Mio.
MITTELAMERIKA		
Dominikanische Republik	32	2,4
Haiti	69	4,6
SÜDAMERIKA		
Bolivien	40	2,9
Peru	49	10,7
AFRIKA		
Äthiopien	65	31,2
Angola	54	5,1
Burkina Faso	41	3,8
Burundi	50	2,9
Ghana	40	6,2
Kamerun	43	5,1
Kenia	46	11,3
Kongo	34	0,8
Lesotho	35	0,6
Liberia	59	1,6
Madagaskar	31	3,8
Malawi	49	4,8
Mali	34	3,3
Moçambique	66	9,6
Namibia	35	0,5
Niger	37	2,9
Nigeria	38	42,9
Ruanda	47	3,4
Sambia	43	3,6
Senegal	30	2,3
Sierra Leone	55	2,4
Somalia	72	6,4
Sudan	37	9,7
Tansania	38	10,3
Togo	30	1,1
Tschad	61	3,5
Uganda	32	5,8
Zaire	59	14,9
Zentralafrik. Rep.	62	1,9
Zimbabwe	41	4,2
ASIEN		
Afghanistan	73	12,9
Bangladesch	34	39,4
Mongolei	32	0,7

Hungerregionen der Welt
- 32 Prozent Ost- und Südostasien
- 30 Prozent Südasien
- 26 Prozent Afrika südlich der Sahara
- 8 Prozent Lateinamerika und Karibik
- 4 Prozent Naher Osten und Nordafrika

Die meisten unterernährten Menschen leben in fünf Ländern
- 188,9 Millionen China
- 184,5 Millionen Indien
- 351,7 Millionen übrige Länder
- 31,2 Millionen Äthiopien
- 39,4 Millionen Bangladesh
- 42,9 Millionen Nigeria

1) Zahlen nach einer Untersuchung der FAO für den Durchschnitt der Jahre 1990 bis 1992, teilweise unsichere Angaben. In folgenden Gebieten war die FAO nicht tätig bzw. liegen keine Angaben vor: Belize, Äquatorial-Guinea, Eritrea, Guinea-Bissau, Südafrika, Westsahara (von Marokko besetzt), Armenien, Aserbaidschan, Bahrein, Bhutan, Brunei, Georgien, Israel, Kasachstan, Kyrgystan, Oman, Palästinensische Autonomiegebiete, Qatar, Tadschikistan, Turkmenistan, Usbekistan, alle Industriestaaten und Osteuropa. Quelle: FAO

Frankfurter Allgemeine Zeitung vom 13.11.1996

Bundesministerium für Ernährung, Landwirtschaft und Forsten (Hrsg.)Nahrung für alle.
(Broschüre) Bonn 1996 (Auszüge)

Welternährung

Der tägliche Pro-Kopf-Verbrauch an den wichtigsten Nahrungsmitteln (Getreide,
Milchprodukte, Fleisch, Obst, Gemüse) liegt in den Entwicklungsländern nur etwa halb
so hoch wie in den Industrieländern. Die tägliche Eiweißaufnahme in den
Entwicklungsländern aus Fleisch- und Milcherzeugnissen bzw. Fisch erreicht sogar nur
20 % bzw. 30 % des Verbrauchs in den Industrieländern. Nahrungsmittel aus den
Industrieländern zu importieren, scheitert in vielen Entwicklungsländern an der fehlenden
Kaufkraft. Und Nahrungsmittelgeschenke? Sie sollten nur in besonderen Notsituationen
(Naturkatastrophen, Kriegen) geleistet werden. Auf Dauer wirken sie eher negativ, weil
die eigenen Anstrengungen in den Entwicklungsländern zur Sicherung der
Nahrungsmittelversorgung damit gelähmt werden können.
In den Entwicklungsländern wird der Mindestbedarf an Nahrung nur knapp erreicht, in
einigen Ländern sogar ständig unterschritten. Die FAO, die Ernährungs- und Landwirt-
schaftsorganisation der Vereinten Nationen, schätzt die Versorgungslage in den
Entwicklungsländern als äußerst kritisch ein. Rund 800 Mio. Menschen leiden an Hunger
oder sind chronisch unterernährt. Am stärksten betroffen sind die afrikanischen
Entwicklungsländer, in denen 37 % der Bevölkerung Hunger und Armut ausgesetzt sind,
gefolgt von Südasien mit 24 % und Ostasien mit 16%. [...]
Insbesondere in den Ländern südlich der Sahara stagnierte die Versorgung auf niedrigem
Niveau. Die landwirtschaftlichen Erträge sind hier besonders gering.
Ausschlaggebend für die Versorgungsprobleme können unter anderem sein:

- ausgelaugte Böden infolge nicht standortangepasster Nutzungen
- fehlende Produktionsmittel wie Saatgut, Dünger und Maschinen,
- unzureichende Ausbildung der Bauern,
- ungleiche Besitz- und Eigentumsverhältnisse,
- Niedrigpreispolitik für Grundnahrungsmittel.

Außerdem behindern oft unzureichende Verkehrsverbindungen eine leistungsfähige
Verteilung und schnelle Nahrungsmittelversorgung im ländlichen Raum. Immer wieder
entstehen akute Hungersnöte durch das Ausbleiben des lebenswichtigen Regens.
Hunger und Elend werden zudem oft durch Kriege und Bürgerkriege verschärft. Vor
allem in Afrika verschlechtern Dürren und Unruhen die ohnehin schlechte
Ernährungssituation.

Voraussichtliche Pro-Kopf-Verfügbarkeit von Nahrungsenergie 1970-1990 (in kcal/Tag)

	1970	1989	2010
93 Entwicklungsländer	2120	2470	2730
Afrika südl.Sahara	2140	2100	2170
Naher Osten/N-Afrika	2380	3010	3120
Ostasien	2020	2600	3040
Südasien	2040	2220	2450
Lateinamerika/Karibik	2500	2690	2950
Industrieländer	3200	3400	3470
			Quelle : FAO

Der physiologisch erforderliche Mindestbedarf eines Menschen ist bei 2100 kcal/Tag
anzusetzen

Die Welt 17.10.95

Es brauchte keiner zu hungern

FAO: Es gibt genügend Nahrung, doch die Unterernährung steigt

SAD Paris - Auf dem Erdball gibt es genug Nahrungsmittel für die gesamte Weltbevölkerung. Technisch gesehen dürfte es deshalb nirgendwo mehr Hungersnöte und Unterernährung geben. Wenn dennoch auch heute noch Menschen vor Hunger sterben, dann sind dafür ausschließlich politische Streitereien und militärische Auseinandersetzungen verantwortlich. Das behaupten die Verantwortlichen der Ernährungs- und Landwirtschaftsorganisation der Vereinten Nationen (FAO), einer Tochterorganisation der UNO. Die FAO feierte gestern den 50. Jahrestag ihrer Gründung.

Rund 800 Millionen Menschen, so heißt es bei der FAO, leiden heutzutage an Unterernährung. Obwohl es ausreichend Reserven gibt und die Lagerhäuser in den Industriestaaten geradezu überquellen. Die französische Nahrungs-Expertin Sylvie Brunel: "Auf unserem Planeten wird soviel produziert, dass für jeden Erdbewohner täglich 2700 Kalorien zur Verfügung stehen. Mehr als man braucht, denn das Durchschnittsbedürfnis liegt bei 2200 Kalorien pro Tag."

Zwei Phänomene jedoch verhindern, dass die gesamte Menschheit tatsächlich ausreichend mit Nahrungsmitteln versorgt wird. Auf der einen Seite die Armut in den Entwicklungsländern, wo man die Preise für Nahrung aus den Industrieländern nicht zahlen kann. Auf der anderen Seite Kriegsherren in Konfliktregionen, die bewusst verhindern, dass Lebensmittel in umkämpfte Gebiete gelangen. Zur Zeit exportieren die Industrieländer jährlich 110 bis 120 Millionen Tonnen Nahrungsmittel in arme Entwicklungsländer. Mit der Geburtenexplosion in diesen Ländern wird das Bedürfnis an Lebensmitteln erheblich steigen, mehr Geld dafür jedoch steht nicht zur Verfügung. Expertin Sylvie Brunel: "Die Zukunftsaussichten sind dementsprechend schwarz. Trotz ausreichender Nahrungsmittelproduktion wird die Zahl der Unterernährten in den kommenden Jahren steigen."

Frankfurter Allgemeine Zeitung 10.10.96

FAO warnt vor Hungersnöten in Afrika

Burundi, Liberia und Somalia besonders gefährdet / Sonderbericht

LONDON, 9. Oktober (epd). In 13 afrikanischen Ländern drohen Hungersnöte, falls die internationale Gemeinschaft keine rasche Hilfe leistet. Darauf weist die Welternährungsorganisation (FAO) in einem am Mittwoch in London vorgestellten Sonderbericht zu Afrika hin. Besonders betroffen seien die von Bürgerkriegen erschütterten Länder Burundi, Liberia und Somalia. In mehreren Regionen Liberias sind nach Angaben der FAO bereits zahlreiche Menschen an Hunger gestorben. Wegen des Bürgerkriegs in dem westafrikanischen Land sei die Nahrungsmittelhilfe weitgehend unterbrochen. Auch im zentralafrikanischen Burundi sei die Lage besonders schwierig, nachdem die Getreidepreise im Sommer drastisch gestiegen seien. Die Ernährungslage in Somalia und im Sudan wird von der FAO ebenfalls als prekär eingeschätzt. Die wiederaufgeflammten Kämpfe in Somalia behinderten weiterhin den wirtschaftlichen Wiederaufbau des Landes, während der Sudan infolge von Unwettern und Parasiten eine besonders schlechte Ernte eingefahren habe. Auch Angola, Eritrea, Äthiopien, Lesotho, Malawi, Moçambique, Ruanda, Sierra Leone und Zaire sind laut der UN-Sonderorganisation von Hunger bedroht. Die internationale Gemeinschaft müsse in diesen Krisengebieten schnell intervenieren. In den Hungerregionen sei Nahrungsmittelhilfe dringend notwendig. Darüber hinaus seien aber auch Aufbauhilfen für Ruanda, Sierra Leone und andere Staaten mit Aussichten auf einen dauerhaften Frieden erforderlich.

Insgesamt stellt die FAO bei den Ernten in den Ländern südlich der Sahara aber deutliche Verbesserungen gegenüber dem Vorjahr fest. Die Gesamternte werde mit 24 Millionen Tonnen um 65 Prozent besser ausfallen als im Vorjahr und liege um 35 Prozent über dem Durchschnitt anderer Jahre. Deshalb seien vielerorts die Getreidepreise seit Juni gefallen. Auch der Importbedarf sei geringer.

Dennoch sei Afrika weiterhin dringend auf Hilfe angewiesen, so die FAO. 40 Prozent der Bevölkerung in den Ländern südlich der Sahara, also etwa 215 Millionen Menschen, litten an chronischer Unterernährung. Es sei zu erwarten, dass ihre Anzahl bis zum Jahr 2010 auf 265 Millionen ansteige, falls nicht sofort wirksame Hilfe geleistet werde. Von den 82 Ländern der Erde mit besonders niedrigem Einkommen liegen 41 im südlichen Afrika.

Handelsblatt 13.2.1996

WELTERNÄHRUNG / Investitionen in Agrarforschung gefordert

FAO: Hunger besser bekämpfen

lok BONN. Industriestaaten und Entwicklungsländer sollten stärker als bisher Hunger und Unterernährung bekämpfen. Das forderte Hartwig de Haen, Beigeordneter Generaldirektor der Ernährungs- und Landwirtschaftsorganisation der Vereinten Nationen (FAO) in Bonn. Um den Kampf gegen den Hunger zu intensivieren, veranstaltet die FAO im November in Rom ein Gipfeltreffen.

De Haen erklärte anlässlich einer Konferenz zum Thema „Perspektiven der langfristigen Ernährungssicherung" in Bonn, erhöhte Preise und eine stagnierende Produktion erschwerten es den Entwicklungsländer zunehmend, ihre Bevölkerung zu ernähren. So habe der Preisanstieg von 30 bis 50 % bei Getreide die auf Importe angewiesenen Entwicklungsländer zusätzlich rund 3 Mrd. $ pro Jahr gekostet. Der Grund: 1995 sei die Getreideproduktion um 3 % auf ca. 1,9 Mrd. Tonnen gesungen, die Weltgetreidevorräte seien auf den niedrigsten Wert seit 15 Jahren geschrumpft.

Die FAO rechnet trotz der besorgniserregenden Lage damit, dass die Nahrungsmittelproduktion mittelfristig wieder zunehmen wird. Sie erwartet bis zum Jahr 2010 eine jährliche Steigerungsrate von 1,8 %, die damit geringfügig über dem Bevölkerungswachstum von 1,6 % liegen würde. Die Agrarproduktion werde in den Entwicklungsländern mit jährlich 2,6 % vermutlich höher ausfallen. Dennoch nehme ihr Importbedarf zu; ihnen drohten so höhere Importrechnungen.

Diese Entwicklung werde besonders sich nur langsam entwickelnde Länder z. B, in Afrika treffen, erläuterte Per Pinstrup-Andersen, Generaldirektor des Washingtoner Internationalen Instituts für Ernährungspolitik (IFPRI). Entwicklungsländer mit raschem Fortschritt vor allem in Asien könnten dagegen Nahrungsüberschüsse erzielen bzw. Nahrungsmittel preisgünstig importieren. Kürzungen der Entwicklungshilfe für die Landwirtschaft werden katastrophale Folgen haben, warnte Pinstrup-Andersen. Nötig seien stattdessen höhere Investitionen in die landwirtschaftliche Forschung, um die Welternährung zu sichern.

"Welternährung" - Zeitung der Deutschen Weithungerhilfe, Nr. 1 / 1999

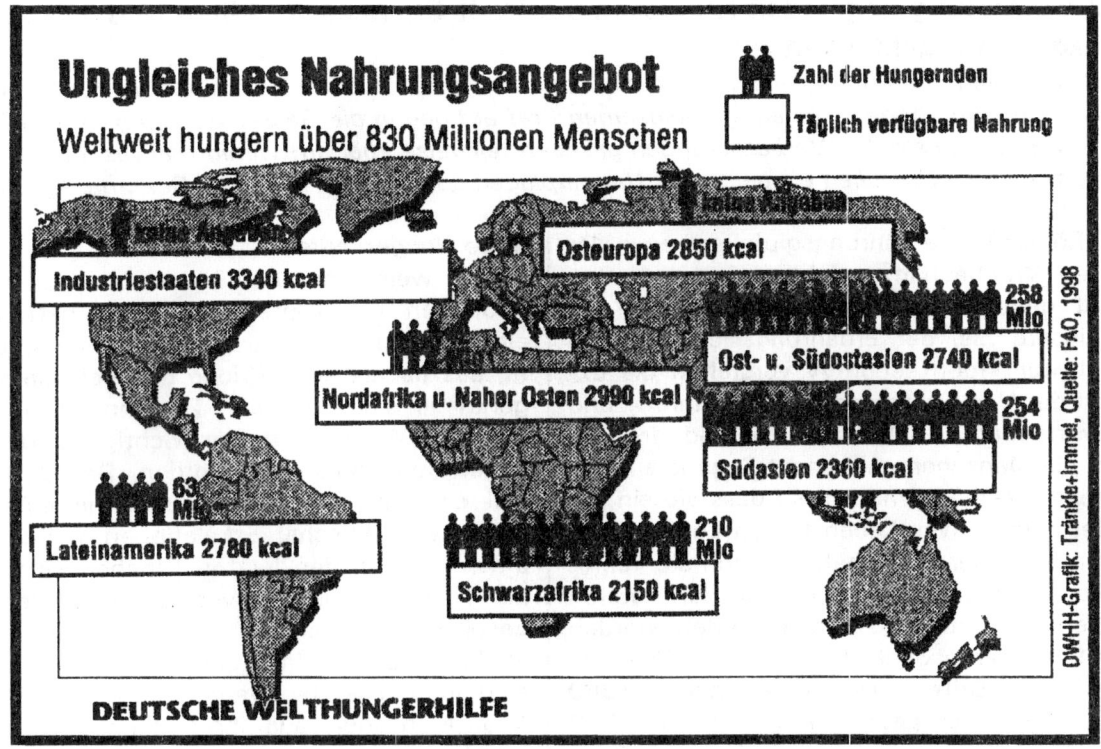

Erstmals seit den achtziger Jahren steigt die Zahl der Hungernden in den Entwicklungsländern wieder an - bei gleichzeitig steigender Bevölkerungszahl. Nach Angaben der FAO sind derzeit in den Entwicklungsländern rund 830 Millionen Menschen chronisch unterernährt. Rückschritte bei der Versorgung der Bevölkerung werden vor allem aus Afrika und Südasien gemeldet. Gleichzeitig ist das Nahrungsangebot in den Industrieländern auf einen historischen Höchststand gestiegen. Hier stehen im Durchschnitt 3340 kcal Nahrungsenergie pro Einwohner und Tag zur Verfügung. Das ist rund eineinhalb mal soviel wie die benötigten 2200 kcal und deutlich mehr als der weltweite Durchschnitt von 2720 kcal. Statistisch betrachtet gibt es genug Nahrung für alle Bewohner der Erde, doch sie ist ungleich verteilt. Außerdem haben viele Menschen zuwenig Geld, um sich Nahrung zu kaufen. Mit der dramatisch wachsenden Kluft zwischen arm und reich wächst auch die Zahl der Hungernden.

Nur in Afrika südlich der Sahara liegt das statistisch verfügbare Nahrungsangebot je Einwohner knapp unter den von der FAO empfohlenen 2200 kcal pro Tag. Doch auch in Südasien steigt die Zahl der Hungernden auf mittlerweile über 250 Millionen. Dabei ist dort das durchschnittliche Nahrungsangebot seit Anfang der 90er Jahre leicht gestiegen.

Nur in Südost- und Ostasien ist die tatsächliche Versorgung der Menschen besser geworden. Laut FAO sank die Zahl der Hungernden binnen vier Jahren um rund 10 Prozent auf knapp 260 Millionen. Mit der Wirtschaftskrise in Asien wächst jedoch die Armut wieder - und damit wird auch der Hunger wieder zunehmen.

7   Der "Welternährungsgipfel" 1996

Neue Zürcher Zeitung 12.11.96

FAO-Aufrüstung gegen den Hunger in der Welt Chancen für einen Neuanfang - Grenzen der Machbarkeit

Am Römer Welternährungsgipfel werden die Nationen in der zweiten Wochenhälfte zum erstenmal auf oberster Ebene zu einem gemeinsamen Kraftakt gegen die Geißel des Hungers aufrufen. Die in Aussicht gestellten Verbesserungen gründen teilweise aber auf wenig realistischen Annahmen. Auf die Ursachen einiger neuer Hungerplagen gehen die FAO-Gipfel-Dokumente nur am Rand ein.

Beim Römer Welternährungsgipfel soll es in der zweiten Wochenhälfte nicht einfach um den Kampf gegen den Hunger, sondern um das ambitiösere Ziel der Ernährungssicherheit gehen. Unter «food security» verstehen die Experten der Uno-Organisation für Ernährung und Landwirtschaft (FAO) einen Zustand, in welchem die Menschen permanent Zugang zu ausreichender Nahrung haben, so dass sie ein gesundes und aktives Leben führen können. Am andern Ende der Skala befindet sich die «chronische Unterernährung», die in den letzten Jahrzehnten spürbar zurückgebunden worden ist: 1970 waren 35% der gesamten Bevölkerung in der Dritten Welt unterernährt, 1980 noch 28%, und gegenwärtig wird mit 839 Mio. Menschen oder nur 21% der Drittwelt-Bevölkerung von gut 4 Mrd. Personen gerechnet.

Zuversicht beim chronischen Hunger

Präsident Kennedys Ausspruch, dass sich der Hunger auf der Welt innerhalb einer Generation beseitigen lasse, «wenn wir nur wollen», wird in den nächsten Tagen in Rom hoch im Kurs stehen. Kühner noch war Henry Kissinger, der 1974 behauptete, dass sich der Hunger innerhalb von zehn Jahren beseitigen lasse. Die Exponenten von Ländern und Regierungen sind seither nüchterner und realistischer geworden. Sie rechnen jetzt mit knapp zwei Jahrzehnten, und das Ziel ist nicht mehr die gänzliche Beseitigung, sondern die Halbierung der chronischen Unterernährung in der Welt. Die erwartete Besserung geht damit klar über die Perspektiven einer mit Daten der FAO, des Internationalen Währungsfonds (IMF) und der Weltbank erstellten Studie über die absehbaren wirtschaftlichen, landwirtschaftlichen und demographischen Entwicklungen («World Agriculture: Towards 2010») hinaus, die bis in 13 Jahren noch 680 Mio. Hungerleidende (12% der bis dahin auf 5,7 Mrd. Personen gestiegenen Drittwelt-Bevölkerung) erwartet. Die Zuversicht basiert auf der Annahme, dass sich das Nahrungsmittelangebot dank der Römer «Mobilmachung» weiter ausweiten lasse, dass aber auch Beschäftigung und Einkommen steigen, um Nachfrage zu schaffen. Sind diese Annahmen realistisch?

Neue Hungerherde

Es war weise von den Ländern, die sich an der Redaktion der Gipfel-Dokumente beteiligten, eine gänzliche Beseitigung des Hungers vorläufig auszuschliessen. Kriege und vor allem Bürgerkriege sind seit dem Zusammenbruch der bipolaren Weltordnung zur wichtigsten Ursache neuer Hungerplagen geworden. Das Schicksal will es, dass der Römer Gipfel in eine Zeit schwerer politischer Eskalationen in Schwarzafrika fällt. In den letzten Wochen sind mehr als 1 Mio. Menschen vertrieben worden. Sie gesellen sich zu einem rasch wachsenden neuen Armutssockel: In Afghanistan und im Sudan sind in den letzten Jahren bereits je rund 4 Mio. Menschen aus ihrer Heimat vertrieben worden, in Bosnien und Herzegowina sind es 3,7 Mio., in Äthiopien 3 bis 4 Mio., in Angola und Rwanda je 2,5 Mio., in Sierra Leona 1,8 Mio., in Liberia 1,5 Mio., im Irak (je nach Schätzung) 1,3 bis 4 Mio. und in Haiti, Eritrea, Somalia und Tadschikistan je eine weitere Million. Weltweit sollen heute gemäss den Gipfel-Hintergrund-papieren rund 50 Mio. Menschen auf der Flucht sein. 1970 war es erst 1 Million gewesen.

Der von politischen Krisen ausgelöste akute Hunger lässt sich mit den herkömmlichen Instrumenten der Entwicklungshilfe kaum bekämpfen. Um die Vertriebenen am Leben zu erhalten, braucht es direkte Nahrungsmittelabgaben, die aber angesichts des wachsenden Flüchtlingselendes immer schärfer rationiert werden müssen. Die Vertriebenen sind oft nicht in der Lage, Erwerbstätigkeiten nachzugehen, die schulische und technische Ausbildung leidet oder wird unmöglich, und rasch breiten sich wegen der Unterernährung jene mentalen und physischen Schädigungen aus, welche die Lern- und Reaktionsfähigkeit bleibend eindämmen und die Rückkehr zur Selbstversorgung kompromittieren. Der von Menschenhand geschaffene Hunger hat deshalb eine klare Tendenz zur Perpetuierung, er ist extrem resistent, und seine künftigen Ausmasse lassen sich mangels verlässlicher Zeitreihen nicht abschätzen.

Hunger sei, die FAO wiederholt es immer wieder, nicht so sehr ein Problem fehlender Nahrungsmittel, sondern eine Folge des verbauten Zuganges zu diesen. Die Suche nach Erwerb und Einkommen treibt die Hungernden gegenwärtig zuhauf vom Land in die Städte. Zusammen mit den Landflüchtigen wandert aber auch die Armut. Das Bread-for-the-World-Institut schätzt, dass gegenwärtig 42% der schwarzafrikanischen Stadtbevölkerung, 23% der asiatischen Stadtbevölkerung, 27% der Einwohner lateinamerikanischer Städte und 34% der in den arabischen Städten lebenden unter der Armutsgrenze darben. Und laut der FAO weitet sich die Bevölkerung in den Agglomerationen weltweit jede Woche um eine weitere Million Menschen aus. Die neue Stadtarmut wird von den Gipfel-Dokumenten gleichwohl nur am Rande wahrgenommen. Die Aufmerksamkeit richtet sich auf die ländlichen Gebiete, wo heute noch die meisten Unterernährten leben. Es ist richtig, die ursprüngliche Ursache der Landflucht zu bekämpfen. Solange nichts auf baldige Rückwanderungsbewegungen schliessen lässt, erscheint die Vernachlässigung der Stadtarmut - zusammen mit den Flüchtlingen virulentester Ausbreitungsherd für neuen Hunger - aber trotzdem als ein starkes Stück; sie ist wohl der Preis dafür, dass die Vorbereitungen des Welternährungsgipfels einer Uno-Landwirtschafts-Organisation überlassen blieben.

Wünsche und Realitäten

Gemäss den Erhebungen der FAO befinden sich zwei Drittel der chronisch unterernährten Drittwelt-Bevölkerung - mehr als 500 Mio. Menschen - noch immer in Süd- und Ostasien. Allein im dichtbevölkerten Süden dieses Kontinentes leben 58% aller unterernährten und 60% aller wachstumsbehinderten oder verkrüppelten Kinder der Welt. Obwohl auch FAO-Fachleute befürchten, dass die Zahl der Hungerleidenden in diesem Teil der Welt wegen des Bevölkerungsdruckes, der absehbaren Verlangsamungen des Nahrungsmittel-Produktionszuwachses und eben wegen der Landflucht hoch bleiben wird, suggeriert die erwähnte Studie «2010», dass der Anteil der Unterernährten Südasiens in den nächsten 13 Jahren von 255 Mio. auf 200 Mio. oder von 22% auf nur noch 12% der Gesamtbevölkerung zurückgehe. . .

In Schwarzafrika sind es gegenwärtig 43% der Gesamtbevölkerung, die unterernährt sind. Der Trend in dieser Region ist klar steigend: 1970 waren es 38% und 1980 41%. Ungeachtet des neuen Elendes im Umfeld der grossen Seen und trotz politischen Unsicherheiten, Naturkatastrophen, hohen Schulden, schlechteren Aussenhandelsrelationen, der schwindenden Pro-Kopf-Produktion und der Explosion der Be-

völkerung von gegenwärtig 500 Mio. auf 874 Mio. Menschen im Jahr 2010 soll es laut den FAO-Projektionen nun doch gelingen, den Anteil der Unterernährten bis dahin auf nur noch 30% zu senken. Ähnlich optimistisch beurteilt die Römer Organisation auch die Lage in Lateinamerika und in den karibischen Ländern. Obwohl der Trendverlauf auch dort klar steigend ist - die Zahl der Unterernährten vergrösserte sich zwischen 1980 und 1990 von 46 Mio. auf 60 Mio. Menschen (von 14 auf 15% der lokalen Bevölkerung) -, sollen es bis 2010 nur noch 7% oder 40 Mio. Menschen sein. Die Zuversicht wird einzig mit den wirtschaftspolitischen Strukturanpassungen der letzten Jahre erklärt, die künftig für besseren Marktzugang und günstigere Wirtschaftsaussichten sorgten. Auch hier aber wird erst zu beweisen sein, ob der Segen dereinst auch in den «explodierenden» Slums von Mexiko, Rio, Sao Paulo oder Bogotá verspürt werden wird.

Überschätzte Reaktionskraft?

Fast verwegene Zuversicht strahlen die FAO-Gipfel-Dokumente aber auch in bezug auf die Angebotsseite aus. Werden die vom Hunger besonders stark betroffenen und in der Regel schlecht administrierten Länder in der Lage sein, die zur Ernährungssicherheit nötigen landwirtschaftlichen Kraftakte zu vollziehen? Wie sollen sie sich die Devisen für die in den Römer Papieren ebenfalls verlangten Nahrungsmittel-Importsteigerungen beschaffen ? Eine von Schweden in Auftrag gegebene Studie («The World Food Summit and Follow-up») kommt zum Schluss, dass die betroffenen Entwicklungsländer allein schon zur Erfüllung der Ziele von «World Agriculture Towards 2010» Anstrengungen unternehmen müssten, die weit über ihre bisher gezeigten Möglichkeiten hinausragten. Weitergehende Wirtschaftsankurbelungen, wie sie in der zweite Wochenhälfte in Rom empfohlen werden sollen, seien - zumindest im Falle Afrikas - höchst unwahrscheinlich. In Südasien herrschen nach Meinung der beiden Autoren (Nurul Islam und Just Faaland) etwas bessere Produktions-Voraussetzungen. Wegen der Finanzengpässe seien die vom Gipfel in Aussicht gestellten Importausweitungen jedoch auch dort Illusion. Ernährungssicherheit in der Dritten Welt und ganz speziell in Afrika lasse sich innerhalb der angepeilten Frist nur mit massiven Nahrungsmittel-Transfers aus Überschussgebieten erreichen. Solange die Gipfel-Dokumente jedoch locker über die damit verbundenen politischen und administrativen Probleme hinweggingen, müsse an der Glaubwürdigkeit der Römer «Übung» gezweifelt werden.

Abschlussdokument des Welternährungsgipfels
Erklärung von Rom zur Welternährungssicherheit

aus: Bundesministerium für Ernährung, Landwirtschaft und Forsten (Hrsg.): Nahrung für alle -Welternährungsgipfel 1996. Dokumentation. Bonn 1997 (Broschüre)

Wir, die Staats- und Regierungschefs[1], oder unsere Vertreter, die auf Einladung der Ernährungs- und Landwirtschaftsorganisation der Vereinten Nationen auf dem Welternährungsgipfel versammelt sind, bekräftigen das Recht jedes Menschen auf Zugang zu gesundheitlich unbedenklichen und nährstoffreichen Nahrungsmitteln in Einklang mit dem Recht auf angemessene Ernährung und dem grundlegenden Recht eines jeden Menschen, frei von Hunger zu sein.

Wir bekunden unseren politischen Willen und unsere gemeinsame und nationale Verpflichtung zur Erreichung von Ernährungssicherheit für alle und zu fortlaufenden Anstrengungen zur Beseitigung des Hungers in allen Ländern mit dem unmittelbaren Ziel, die Zahl der unterernährten Menschen spätestens bis zum Jahr 2015 auf die Hälfte des gegenwärtigen Standes zu verringern.

Wir erachten es als nicht hinnehmbar, dass mehr als 800 Millionen Menschen in der Welt und insbesondere in den Entwicklungsländern, nicht genug zu essen haben, um ihre grundlegenden Ernährungsbedürfnisse zu decken. Diese Situation ist unannehmbar. Das Aufkommen an Nahrungsmitteln hat zwar beträchtlich zugenommen. Die grundlegenden Nahrungsmittelbedürfnisse können jedoch nicht befriedigt werden wegen der Hindernisse beim Zugang zu Nahrungsmitteln und unangemessener Haushalts- und Volkseinkommen, um Nahrungsmittel kaufen zu können, ferner wegen einer unstabilen Angebots- und Nachfragesituation sowie natürlicher und vom Menschen verursachter Katastrophen. Die Probleme Hunger und Ernährungsunsicherheit haben globale Dimensionen und werden wahrscheinlich fortbestehen und sich in einigen Regionen sogar dramatisch verschärfen, wenn nicht rasch entschlossene und konzertierte Maßnahmen ergriffen werden angesichts der erwarteten Zunahme der Weltbevölkerung und der Belastung der natürlichen Ressourcen.

Wir bekräftigen, dass friedliche, stabile und förderliche politische, soziale und wirtschaftliche Rahmenbedingungen die grundlegende Voraussetzung sind, die es den Staaten ermöglichen, der Sicherung der Ernährung und Beseitigung der Armut angemessene Priorität einzuräumen. Demokratie, die Förderung und der Schutz aller Menschenrechte und grundlegenden Freiheiten, einschließlich des Rechts auf Entwicklung , sowie die volle und gleiche Beteiligung von Mann und Frau sind die Voraussetzung für eine nachhaltige Ernährungssicherheit für alle.

---

[1] Der Begriff "Regierung" schließt auch die Europäische Gemeinschaft im Rahmen ihrer Zuständigkeitsbereiche ein.

Armut ist eine Hauptursache für Ernährungsunsicherheit. Nachhaltige Fortschritte bei der Armutsbeseitigung sind für einen verbesserten Zugang zu Nahrung entscheidend. Konflikte, Terrorismus, Korruption und Umweltzerstörung tragen ebenfalls wesentlich zu Ernährungsunsicherheit bei. Die Produktion von Nahrungsmitteln, einschließlich der von Grundnahrungsmitteln, muss gesteigert werden. Dies sollte durch eine nachhaltige Bewirtschaftung der natürlichen Ressourcen, die Beseitigung von nicht nachhaltigen Verbrauchs- und Produktionsstrukturen, insbesondere in den Industrieländern, und eine baldige Stabilisierung der Weltbevölkerung erfolgen. Wir anerkennen den grundlegenden Beitrag der Frau zu Ernährungssicherheit, insbesondere in den ländlichen Gebieten in Entwicklungsländern, und die Notwendigkeit, die Gleichberechtigung von Mann und Frau zu sichern. Einer Neubelebung der ländlichen Gebiete muss ebenfalls Priorität eingeräumt werden, um die soziale Stabilität zu verstärken und die übermäßig hohe Migrationsrate vom Land in die Stadt, mit der viele Länder konfrontiert sind, zu überwinden.

Wir unterstreichen die Dringlichkeit, Maßnahmen jetzt zu ergreifen, um unsere Verantwortung zur Erreichung von Ernährungssicherheit für die heutigen und künftigen Generationen zu erfüllen. Die Sicherung der Ernährung ist eine komplexe Aufgabe, die in erster Linie den einzelnen Regierungen obliegt. Sie müssen förderliche Rahmenbedingungen schaffen und Politiken ergreifen, die den Frieden sowie soziale, politische und wirtschaftliche Stabilität und Gerechtigkeit sowie Gleichberechtigung von Mann und Frau sicherstellen. Wir bringen unsere große Sorge über die Fortdauer des Hungers zum Ausdruck, der so verbreitet ist, dass er eine Gefahr für die Gesellschaft in den einzelnen Ländern und in verschiedener Weise für die Stabilität der internationalen Gemeinschaft ist. Um Ernährungssicherheit zu erlangen, sollten die Regierungen auch im globalen Rahmen bei Programmen aktiv zusammenarbeiten sowie mit den VN-Organisationen, Finanzierungsinstitutionen, zwischenstaatlichen und nichtstaatlichen Organisationen, dem öffentlichen und privaten Sektor.

Nahrungsmittel sollten nicht als Instrument für politischen und wirtschaftlichen Druck eingesetzt werden. Wir bekräftigen die Bedeutung internationaler Zusammenarbeit und Solidarität sowie die Notwendigkeit, einseitige Maßnahmen zu unterlassen, die nicht mit dem Völkerrecht und der Charta der Vereinten Nationen in Einklang stehen und die die Ernährungssicherheit gefährden.

Wir erkennen die Notwendigkeit an, Maßnahmen zu ergreifen, die förderlich für Investitionen in die Entwicklung der Humanressourcen, in Forschung und Infrastruktur sind, um Ernährungssicherheit zu erlangen. Wir müssen die Schaffung von Beschäftigungs- und Einkommensmöglichkeiten sowie den gleichberechtigten Zugang zu den produktiven und finanziellen Ressourcen fördern.

Wir stimmen darin überein, dass Handel ein Schlüsselelement zur Erreichung von Ernährungssicherheit ist. Wir sind uns darin einig, Politiken beim Nahrungsmittelhandel und im Handel insgesamt zu verfolgen, die unsere Erzeuger und Verbraucher ermutigen, verfügbare Ressourcen in einer wirtschaftlich verträglichen und nachhaltigen Weise zu nutzen. Wir erkennen die Bedeutung nachhaltiger Landwirtschaft, Fischerei, Forstwirtschaft und ländlicher Entwicklung in Gebieten mit geringem und hohem Ertragspotential an. Wir erkennen die grundlegende Rolle von Bauern, Fischern, Waldnutzern, eingeborenen Bevölkerungsgruppen und ihren Gemeinschaften und aller im Ernährungsbereich Beteiligten sowie ihrer Organisationen an, die durch wirksame Forschung und Beratung bei der Erreichung von Ernährungssicherheit unterstützt werden müssen. Unsere nachhaltigen Entwicklungspolitiken werden die volle Beteiligung- und Befähigung der Menschen, insbesondere der Frauen, eine gerechte Verteilung der Einkommen, den Zugang zu Gesundheitsvorsorge und Bildung sowie Chancen für die Jugendlichen fördern. Besondere Beachtung ist denjenigen zu schenken, die nicht genügend Nahrungsmittel für eine angemessene Ernährung erzeugen oder erwerben können. Hierzu gehören auch die Menschen, die von Krieg, bürgerkriegsähnlichen Auseinandersetzungen, Naturkatastrophen oder klimabedingten ökologischen Veränderungen betroffen sind. Wir sind uns der Notwendigkeit dringender Maßnahmen zur Bekämpfung von Schadorganismen, Dürre und der Zerstörung der natürlichen Ressourcen, einschließlich Wüstenbildung, Überfischung und Erosion der biologischen Vielfalt, bewusst.

Wir sind entschlossen, Anstrengungen zur Mobilisierung und optimierter Zuweisung und Nutzung technischer und finanzieller Ressourcen aus allen Quellen, einschließlich des Erlasses von Auslandsschulden für Entwicklungsländer, zu unternehmen, um nationale Maßnahmen zur Umsetzung nachhaltiger Politiken für die Ernährungssicherheit zu verstärken.

In der Überzeugung, dass Ernährungssicherheit in ihrer Vielgestaltigkeit konzertierte nationale Maßnahmen und wirksame internationale Anstrengungen zur Ergänzung und Verstärkung nationaler Maßnahmen erfordert, gehen wir folgende Verpflichtungen ein:

- Wir werden förderliche politische, soziale und wirtschaftliche Rahmenbedingungen sicherstellen, um die besten Voraussetzungen für die Beseitigung der Armut und für einen dauerhaften Frieden auf der Grundlage der vollen und gleichen Beteiligung von Mann und Frau zu schaffen, was nachhaltiger Ernährungssicherheit für alle am besten dient.

- Wir werden Politiken zur Bekämpfung von Armut und Ungleichheit sowie zur Verbesserung des physischen und wirtschaftlichen Zugangs aller Menschen, zu jeder Zeit, zu ausreichenden, ernährungsphysiologisch ausgewogenen und gesundheitlich unbedenklichen Nahrungsmitteln und ihrer wirksamen Nutzung durchführen.

- Unter Beachtung des multifunktionalen Charakters der Landwirtschaft werden wir uns für partizipatorische und nachhaltige Politiken in den Bereichen Ernährung, Landwirtschaft, Forstwirtschaft und ländliche Entwicklung in Gebieten mit hohem und niedrigem Ertragspotential einsetzen, die die Voraussetzung für eine angemessene und zuverlässige Versorgung mit Nahrungsmitteln auf Haushalts-, nationaler, regionaler und globaler Ebene sind, und den Kampf gegen Schadorganismen, Dürre und Wüstenbildung führen.

- Wir werden danach streben sicherzustellen, dass Ernährungs-, Agrarhandels- und sonstige Handelspolitiken zur Erhöhung der Ernährungssicherheit für alle auf dem Weg eines fairen und marktorientierten Welthandelssystems führen.

- Wir werden uns bemühen, auf Naturkatastrophen und vom Menschen verursachte Notsituationen vorbereitet zu sein und diese zu verhindern, sowie einem vorübergehenden Bedarf an Nahrungsmitteln in Notsituationen so zu begegnen, dass Gesundung, Wiederaufbau, Entwicklung und die Fähigkeit, künftigen Erfordernissen gerecht zu werden, gefördert werden.

- Wir werden eine optimale Zuweisung und Nutzung öffentlicher und privater Investitionen fördern, um die Humanressourcen, nachhaltige Systeme der Ernährung, Landwirtschaft, Fischerei und Forstwirtschaft sowie die ländliche Entwicklung in Gebieten mit hohem und niedrigem Ertragspotential zu stärken.

- Wir werden diesen Aktionsplan auf allen Ebenen in Zusammenarbeit mit der internationalen Gemeinschaft umsetzen, überwachen und weiterverfolgen.

Zur Umsetzung des Aktionsplans des Welternährungsgipfels sichern wir unser Handeln und unsere Hilfe zu. Rom, den 13. November 1996

E + Z Jg. 38.1997:1

Michael Bohnet

Der Welternährungsgipfel

Auf dem Welternährungsgipfel (13.- 17. November) wurden die Rom-Deklaration zur Welternährungssicherheit sowie ein Welternährungs-Aktionsplan verabschiedet. Darin verpflichtet sich die Weltgemeinschaft, das Menschenrecht auf Nahrung zu verwirklichen.

Die Ausgangslage

In den letzten 20 Jahren ist es gelungen, die Nahrungsproduktion pro Kopf erheblich zu steigern. Die 5,8 Mrd. Menschen auf der Welt haben heute durchschnittlich rd. 15% mehr Nahrungsmittel pro Kopf zur Verfügung als die 4 Mrd. Menschen im Jahre 1975. Dennoch leiden 800 Mio. Menschen in der Welt an Unterernährung, insbesondere in Afrika südlich der Sahara und in Südasien. Vor allem in vielen der Nahrungsdefizitländer Afrikas ist, bedingt auch durch hohes Bevölkerungswachstum, Witterungseinflüsse und Kriegsfolgen, die Pro-Kopf-Produktion von Nahrungsmitteln gesunken.

Die Weltbevölkerung nimmt trotz leicht verringerter Zuwachsraten weiter zu. Sie wird von heute 5,8 Mrd. auf voraussichtlich 7 Mrd. Menschen im Jahre 2010 zunehmen. Soll der damit steigende Bedarf an Nahrungsmitteln künftig befriedigt werden, muss nach Berechnungen der FAO die Agrarproduktion bis zum Jahre 2010 um 60% steigen. Die Möglichkeiten, die Ackerflächen stärker auszuweiten, sind sehr begrenzt, bei wachsender Bevölkerung wird immer weniger Ackerfläche pro Kopf zur Verfügung stehen. Die in Nutzung befindlichen Flächen sind zudem teilweise durch unangepasste Bewirtschaftungsmethoden in ihrer weiteren Ertragsfähigkeit gefährdet. Grenzstandorte sind nur mit hohem Aufwand erschließbar. Die landwirtschaftliche Erzeugung muss deshalb vor allem durch Ertragssteigerung auf der vorhandenen Fläche erhöht werden.

Die Beschlüsse des Gipfels

1. Das Ziel: Verringerung der Zahl der unterernährten Menschen

Es wurden der politische Wille und die nationale und internationale Verpflichtung zur Erreichung von Ernährungssicherheit für alle bekundet. Die Zahl der unterernährten Menschen soll spätestens bis zum Jahr 2015 auf die Hälfte des gegenwärtigen Standes verringert werden. (Deklaration)

2. Menschenrechte, Recht auf Entwicklung, Recht auf Nahrung

Demokratie, Wahrung der Menschenrechte, transparente und wirksame rechtliche Strukturen sowie gute Regierungsführung sind Grundvoraussetzungen, um die für die Ernährungssicherheit notwendigen Rahmenbedingungen zu schaffen (Ziffer 14 des Aktionsplans). Das Recht auf Entwicklung wurde ausdrücklich bekräftigt (Ziffer 13). Wichtige Ergebnisse des Gipfels sind die Anerkennung des Rechts auf Nahrung gemäß Artikel 11 der Internationalen Konvention über wirtschaftliche, soziale und kulturelle Rechte von 1966 sowie die vereinbarten konkreten Schritte zur Umsetzung dieses Rechts.

3. Nachhaltige Landwirtschaft

Die Ausweitung der Erzeugung in Niedrigeinkommensländern mit Nahrungsdefiziten ist eine der wichtigsten Möglichkeiten, den Zugang armer Bevölkerungsgruppen zu Nahrungsmitteln und Einkommen zu erleichtern. Eine Schlüsselfunktion hat dabei die Stärkung ihrer Kaufkraft. Dies erhöht die Anreize für die Produktion, die Diversifizierung der Wirtschaft und die Entwicklung des ländlichen Raumes. In marginalen Gebieten mit geringerem Potential und anfälliger Umwelt muss die Erzeugung von Nahrungsmitteln auch durch Bereitstellung von Betriebsmitteln und angemessener Technologie gesteigert werden, um die Abwanderung aus den ländlichen Gebieten zu verringern. Effiziente Bodennutzung zum Zwecke einer nachhaltigen Landwirtschaft wird in vielen Gebieten auch dazu beitragen, dass der Druck abnimmt, Waldgebiete in landwirtschaftlich nutzbare Flächen umzuwandeln. Gefördert werden soll u. a. der ökologische Landbau, die intensivere Nutzung des Regenfeldbaus sowie die nachhaltige Nutzung und Erhaltung von Fischereiressourcen (Ziffer 24, 31, 32).

4. Bevölkerungspolitik

Die Forderung, bevölkerungsrelevante Aspekte in Entwicklungsstrategien und Entscheidungsprozesse einzubeziehen, ist eine Stärkung der Beschlüsse der Weltbevölkerungskonferenz (Kairo 1994). Die Verpflichtung, allen Menschen Zugang zu Gesundheitsversorgung einschließlich Dienstleistungen der reproduktiven Gesundheit zu gewähren, ist ein wichtiger Schritt vor allem zur Verbesserung der Situation der Frauen. Die Notwendigkeit von Familienplanungsdiensten wird ausdrücklich erwähnt (Ziffer 15). Weitgehend ungeachtet blieb die bemerkenswerte Aussage des Papstes in seiner Rede beim Welternährungsgipfel, dass demographisches Wachstum nicht unbegrenzt sein könne und die Bevölkerungspolitik die Würde der Menschen zu respektieren habe.

5. Stärkung der Rechte der Frauen

Die Verpflichtung, Gleichberechtigung zwischen Männern und Frauen (gender equality) in allen Bereichen zu gewährleisten, bekräftigt die Ergebnisse der Weltfrauenkonferenz in Peking 1995 (empowerment of women). Vor dem Hintergrund der Ernährung erhält die Forderung, Frauen gleiches Zugangsrecht zu Landbesitz, Ausbildung, Beratung und Krediten zu sichern, besondere Bedeutung. Auch das traditionelle Wissen und die Kenntnisse der Frauen in der Landwirtschaft, der Fischerei und im Management der natürlichen Ressourcen soll genutzt werden (Ziffer 16).

6. Landreformen

Der Aktionsplan betont die herausragende Rolle, die ein gesicherter Zugang zu produktiven Ressourcen für eine nachhaltige Landwirtschaft und Ernährungssicherung spielen. Die Regierungen werden deshalb aufgefordert, Maßnahmen zur Durchführung von Landreformen zu ergreifen, sowie Eigentums-, Wasser- und andere Nutzerrechte anzuerkennen und zu schützen. Sie haben dafür Sorge zu tragen, dass auch Frauen und Arme hiervon profitieren (Ziffern 15 b, 19 e).

7. Traditionelle und kulturell akzeptierte Anbaufrüchte

Die Regierungen werden aufgerufen, die landwirtschaftliche Produktion wieder mehr auf lokale traditionelle Nahrungskulturen (Getreide, Öl, Saaten, Hülsenfrüchte, Wurzel- und Knollenfrüchte, Obst und Gemüse), die den kulturellen Ernährungsgewohnheiten entsprechen, zu konzentrieren (Ziffer 21 c).

8. Nachernteverluste

Gefordert werden verbesserte Technologien zur Verarbeitung, Erhaltung sowie Lagerung von Nahrungsmitteln, um die Nachernteverluste, insbesondere auf lokaler Ebene, zu vermindern (Ziffer 21 d).

9. Genetische Ressourcen

Gefordert wird die Bewahrung und nachhaltige Nutzung von pflanzengenetischen Ressourcen. Ferner sollen Ansätze im Bereich Pflanzenzüchtung gefördert werden, die die genetischen Grundlagen von Kulturpflanzen verbreitern und die gerechte und gleichberechtigte Aufteilung der aus der Nutzung entstandenen Vorteile gewährleisten (Ziffer 33 e). Ferner soll die Erhaltung und nachhaltige Nutzung tiergenetischer Ressourcen gefördert werden (Ziffer 33 f).

10. Agrarforschung

Gefordert wird eine Stärkung der nationalen Agrarforschungseinrichtungen, wobei insbesondere eine engere Zusammenarbeit mit dem Privatsektor angestrebt werden soll (Ziffer 35 a). Ferner wird eine Stärkung der internationalen Forschungseinrichtungen, insbesondere der Beratungsgruppe für internationale Agrarforschung (CGIAR), gefordert und die Verbesserung der Koordinierung und Zusammenarbeit zwischen diesen Einrichtungen angemahnt (Ziffer 35 b).

11. Internationaler Handel

Handel ist ein Schlüsselelement für die Welternährungssicherung. Durch Handel können mehr Nahrungsmittel erzeugt als verbraucht, können Schwankungen in der Erzeugung und im Verbrauch verringert und ein Teil der Belastung durch Vorratshaltung abgefedert werden. Es ist von entscheidender Bedeutung, dass alle Mitgliedsländer der Welthandelsorganisation alle Verpflichtungen aus der Uruguay-Runde respektieren und erfüllen und die 1994 in Marrakesch beschlossenen Maßnahmen vollständig umsetzen. Die nahrungsmittelexportierenden Länder werden aufgefordert, die Subventionen für Nahrungsmittelexporte zu reduzieren (Ziffer 40 c). Die internationalen Finanzierungsinstitutionen werden aufgefordert, den ärmsten nahrungsmittelimportierenden Entwicklungsländern zu helfen, kurzfristige Schwierigkeiten bei der Finanzierung wesentlicher Nahrungsmitteleinfuhren zu überwinden (Ziffern 38, 40).

12. Nahrungsmittel nicht als Druckmittel einsetzen

Nahrungsmittel sollen nicht als Instrument für politischen und wirtschaftlichen Druck eingesetzt werden. Bekräftigt wird die Bedeutung internationaler Zusammenarbeit und Solidarität sowie die Notwendigkeit, einseitige Maßnahmen zu unterlassen, die nicht mit Völkerrecht und UN-Charta in Einklang stehen und die die Ernährungssicherheit gefährden (Deklaration).

13. Strategische Notreserven

Die Regierungen und die Zivilgesellschaft werden aufgefordert, strategische Nahrungsmittel-Notreserven auf lokaler und nationaler Ebene einzurichten (Ziffer 46 c) sowie die Schaffung nationaler Freiwilligencorps einschließlich von "Weißhelmen" in Erwägung zu ziehen, um Nothilfe und Wiederaufbaumaßnahmen zu unterstützen (Ziffer 46 g).

14. Öffentliche und private Investitionen, Schuldenerleichterungen

Die Industrieländer und die Entwicklungsländer werden aufgefordert, jenen Wirtschaftssektoren der Entwicklungsländer, die zur Ernährungssicherung beitragen, Priorität einzuräumen. Dazu sollen die Regierungen insbesondere ausländische Direktinvestitionen, aber auch inländische Investitionen fördern sowie die wirksame Verwendung der Entwicklungshilfe sicherstellen (Ziffer 50). Im Klartext heißt dies, dass die Industrieländer in Rom keine zusätzlichen Entwicklungshilfeleistungen zur Förderung der Landwirtschaft zugesagt haben. Sie werden aberaufgefordert, praktische und wirksame Lösungen der Schuldenprobleme zu suchen. Dabei soll auch die Möglichkeit von sogenannten "Debt for food security swaps" ausgelotet werden (Ziffer 53 m, n), also einen Schuldenerlass gegen die Bereitschaft des Entwicklungslandes, die anfallenden Landeswährungsmittel zur Finanzierung von Nahrungssicherungsprojekten bzw. -programmen einzusetzen.

Wertung

Durch die Mitwirkung von 183 Staaten der Welt hat der Gipfel das Bewusstsein der Weltöffentlichkeit für die Fragen der Ernährungssicherung mit Sicherheit geschärft. Die Tatsache, dass an dem Gipfel allein 44 Staatspräsidenten, 38 Premierminister und rd. 100 Minister teilgenommen haben, hat dem Gipfel ein relativ breites Echo in den Medien und in der Öffentlichkeit verschafft. Die im Konsens angenommenen Dokumente stellen klar heraus, dass nur verbesserte politische, wirtschaftliche und soziale Rahmenbedingungen nachhaltig Ernährungssicherheit herbeiführen können. Demokratie, Achtung der Menschenrechte, gute Regierungsführung, Bevölkerungspolitik, Entwicklungsmöglichkeiten für private wirtschaftliche Tätigkeit sowie ein faires und marktorientiertes Welthandelssystem sind dafür Grundvoraussetzungen. Der Gipfel hat einen völkerrechtlich nicht verbindlichen Rahmen für die internationale Umsetzung der im Aktionsplan festgelegten Maßnahmen beschlossen.

Trotz der im Konsens angenommenen Dokumente wurde während der Plenardebatte deutlich, dass weiterhin große Auffassungsunterschiede darüber bestehen, wie nachhaltige Ernährungssicherheit erreicht werden kann. Grundsätzlich fordern die Entwicklungsländer neben der Eigenverantwortung der Regierungen eine erhebliche Mitverantwortung der internationalen Gemeinschaft. So brachten zahlreiche Entwicklungsländer ihre Enttäuschung über ausgebliebene finanzielle Zusagen sowie ihre Besorgnis über die Auswirkungen der Handelsliberalisierung zum Ausdruck. Die Industrieländer betonten dagegen ihre bekannten Standpunkte hinsichtlich der Rahmenbedingungen in den betreffenden Entwicklungsländern, die internationale Gemeinschaft könne nur unterstützend tätig sein. Es bleibt abzuwarten, ob die Regierungen zukünftig der Entwicklung der ländlichen Räume wirklich Priorität einräumen. Unter Kosten-NutzenGesichtspunkten ist der Gipfel sehr kritisch zu bewerten.

2. Parlamentarier-Treffen

Parallel fand am 15.11.1996 ein von der Interparlamentarischen Union veranstaltetes Parlamentarier-Treffen statt, an dem auch Mitglieder des Ernährungsausschusses sowie des Ausschusses für wirtschaftliche Zusammenarbeit und Entwicklung des Deutschen Bundestages teilnahmen. Die Parlamentarier bekräftigen in einer Entschließung die Aussagen der Erklärung von Rom und des Aktionsplans. Sie forderten eine Erhöhung der Entwicklungshilfeleistungen für den landwirtschaftlichen Bereich.

3. NRO-Forum

Parallel zum Gipfel fand auch ein internationales Forum der NROs statt, an dem über 1200 Organisationen aus Nord und Süd teilnahmen. Eine Deklaration unter dem Titel "Selbstbestimmte Ernährung und Ernährungssicherheit gegen die Globalisierung des Hungers" umfasst Vorschläge, wie die Ernährungssicherheit aller in Zukunft erreicht werden kann. Gefordert wurden u.a. Umschichtungen von Ressourcen für lokale und regionale Nahrungsproduzenten, Schuldenerlasse und die Erreichung des 0,7%-Zieles, Suspendierung von Strukturanpassungsprogrammen von Weltbank und IMF, eine Überprüfung der Ergebnisse der Uruguay-Runde, eine globale Konvention für Ernährungssicherheit sowie ein Verhaltenskodex für das Recht auf Nahrung. Auch diese NRO-Deklaration wurde in der Schlusssitzung vorgetragen, wobei im Zentrum die Frage stand, wie eine stärkere Verbindlichkeit des Aktionsplans gewährleistet werden könne.

Prof. Dr. Michael Bohnet ist Ministerialdirigent im BMZ. Er hat für das BMZ am Welternährungsgipfel teilgenommen und - wie bei den anderen Globalkonferenzen - die entwicklungspolitischen Teile der Aktionspläne verhandelt.

Westfälische Nachrichten   18.11.1996

Dokument gegen den Hunger - und niemand wird satt
Heftige Kritik an Absichtserklärung

Von unserem Korrespondenten Thomas M i g g e

Rom. Der Gipfel gegen den Hunger in der Welt hat gestern in Rom seine Arbeiten mit einem "Appell gegen das Sterben" beendet. Die Delegierten aus rund 200 Mitgliedsstaaten der FAO haben sich auf ein Dokument von Jacques Diouf einigt, das der Generalsekretär der Welternährungsorganisation in den letzten zwei Jahren ausgearbeitet hatte. Doch selbst Optimisten schienen enttäuscht.

Das Dokument ist nicht mehr als eine Absichtserklärung, aus der den Mitgliedsstaaten der FAO keinerlei Verpflichtungen entstehen, es drückt den entschiedenen Willen aus, bis zum Jahr 2015 die Zahl der derzeit 840 Millionen hungernden Menschen um mindestens die Hälfte zu reduzieren. Bei der Arbeit der Organisation, so das Schlussdokument, soll verstärkt auf ökologisch verträgliche Projekte Rücksicht genommen werden, die das Austrocknen und Versalzen weiter Landstriche in der Dritten Welt verhindern können. Entwicklungsstaaten soll nicht mehr, wie in der Vergangenheit, der Anbau bestimmter Nahrungsmittel aufgezwungen werden. Ziel sei es, erklärte Diouf, „in jedem armen Land eine autonome Lebensmittelproduktion zu schaffen". Der Erklärung zufolge hat jeder Mensch ein "Recht" auf Nahrung und ein grundsätzliches Recht, keinen Hunger leiden zu müssen. Heftig kritisiert wurde das Abschlussdokument des Welthungergipfels von dem kubanischen Staatschef Fidel Castro. Der Lider Maximo kritisierte in einer nur vierminütigen Rede die "Arroganz der reichen Staaten, die immer noch nicht begriffen haben", so Castro , "dass schon heute genug Lebensmittel für alle Menschen vorhanden sind und nicht erst im Jahr 2015". Diese Kritik wurde auch von dem Vertreter des Vatikans bei der FAO wiederholt. "Wir müssen heute und nicht erst in der Zukunft teilen lernen", ermahnte Kardinal Angelo Sodano.

Auch die USA kritisierten das Abschlussdokument des Gipfels. Dem in Rom anwesenden US-Landwirtschaftsminister zufolge fühle sich Washington nicht an die Erfüllung der im Schlussdokument angesprochenen Aufforderung an die FAO-Mitglieder gebunden, jährlich 0,7 Prozent des nationalen Bruttosozialproduktes in die Entwicklungshilfe zu geben. Nationale Entwicklungshilfe, so die amerikanische Delegation, sei keine Pflicht, sondern das Recht eines jeweiligen Staates, demjenigen zu helfen, der diese Hilfe verdiene. Die USA werden sich deshalb vorbehalten, nicht jedem Staat in Not unter die Arme zu greifen.

Gut informierten Kreisen zufolge werden die USA in den nächsten Monaten eine Kürzung ihrer Beiträge für die FAO ankündigen. Eine Befürchtung, die große Besorgnis auslöste, denn die USA zahlten bisher den Löwenanteil des Budgets der FAO, das sich jährlich auf 320 Millionen Dollar beläuft.

8	Nahrungsmittelhilfe und Ernährungssicherungs-programme

Bundesministerium für Ernährung, Landwirtschaft und Forsten (Hrsg): Nahrung für alle (Broschüre), Bonn 1996 (Ausschnitte) :

Direkte Nahrungsmittelhilfe - akute Not überwinden

Die direkte Nahrungsmittelhilfe im Rahmen der humanitären Hilfe umfasst kurzfristige und zeitlich begrenzte Lieferungen von Lebensmitteln, zusammen mit Zelten, Decken, Medikamenten und anderen wichtigen Hilfsgütern, die vor allem in plötzlich auftretenden Not- und Katastrophenfällen dringend benötigt werden. Die Nahrungsmittel werden kostenlos in die betroffenen Länder geliefert und dort verteilt oder auch verkauft (der Erlös fließt dann in die Staatskassen dieser Länder).
Für diese Art der Hilfe spricht:
- sie rettet Leben,
- sie verringert Fehlernährung und Unterentwicklung bei Kindern,
- sie bekämpft Hungerkatastrophen und
- sie setzt Devisen in den Entwicklungsländern frei, die für andere Einkäufe verwendet werden können.

Die wichtigsten Industrieländer, darunter die Europäische Union (EU), leisten seit Jahren umfangreiche direkte Nahrungsmittelhilfe. Nach dem Nahrungsmittelhilfe-Übereinkommen (Food Aid Convention) von 1995 verpflichten sich die großen Getreideproduktionsländer wie die USA, Kanada, Australien und die EU, den Entwicklungsländern jährlich mindestens 5,35 Mio. Tonnen Getreide zur Verfügung zu stellen. Dazu steuern die EU und ihre Mitgliedstaaten 1,75 Mio. Tonnen bei.
Aufgrund der anhaltend angespannten Ernährungslage insbesondere in Teilen Afrikas (vor allem in Äthiopien, Eritrea, Malawi und Tansania) und nach wie vor großer Flüchtlingsansammlungen in Pakistan, Angola und den Nachbarländern von Ruanda, aber auch infolge von Naturkatastrophen muss der größte Teil der Nahrungsmittelhilfe- und Ernährungssicherungsprogramme als Not- und Flüchtlingshilfe geleistet werden.
Direkte Nahrungsmittelhilfe kann allerdings auch zu Problemen in den Entwicklungsländern führen, insbesondere, wenn sie über einen längeren Zeitraum andauert:
- Die Preise für Agrarprodukte können unter Druck geraten und so die landwirtschaftliche Produktion bremsen und behindern.
- Die Regierungen könnten versucht sein, ihre Bemühungen zur Förderung der Landwirtschaft zu vernachlässigen.
- Einheimische Produkte der Entwicklungsländer könnten verdrängt werden.
- Neue Abhängigkeiten der meist erst seit wenigen Jahren oder Jahrzehnten unabhängigen Völker können entstehen.

Entwicklungspolitische Vorteile bringt die Nahrungsmittelhilfe besonders, wenn die Hilfsgüter im gleichen oder in einem anderen Entwicklungsland gekauft und in das Krisengebiet transportiert werden. Damit kann den Ernährungsgewohnheiten der Empfänger besser entsprochen werden. Außerdem wird die Landwirtschaft in diesen Entwicklungsländern gefördert. Das internationale Nahrungsmittelhilfe-Übereinkommen von 1995 lässt solche Aufkäufe ausdrücklich zu. Auch die Europäische Union geht bei ihren Nahrungsmittelhilfeuntersuchungen nach diesem sinnvollen Prinzip vor, soweit sich dafür Möglichkeiten bieten.
1994 wurden fast drei Viertel des für Nahrungsmittelhilfe benötigten Getreides und rund zwei Drittel der Nichtgetreideprodukte im gleichen oder in einem anderen Entwicklungsland gekauft. Die Bundesregierung hat sich daran mit rd. 100 Mio. DM beteiligt.

NAHRUNGSMITTELHILFE

Bundesministerium für wirtschaftliche Zusammenarbeit (Hrsg.): Ernährungssicherung und -Nahrungsmittelhilfe als Instrument der Entwicklungszusammenarbeit - Sektorkonzept, Bonn 1997 (Broschüre) (Auszüge)

Nahrungsmittelhilfe kann Überleben sichern sowie - gezielt und zeitlich begrenzt eingesetzt - zur Minderung von Konfliktpotential und Migrationsdruck beitragen.

Nahrungsmittelhilfe allein überbrückt allerdings nur kurzfristige Versorgungsprobleme sowie Nahrungsmittelknappheit, die in der Regel durch Konflikte und/oder Katastrophen verursacht sind. Gewaltsam ausgetragene Konflikte und Katastrophen unterbrechen die Produktion sowie die Vermarktung von Nahrungsmitteln und wirken sich dadurch negativ auf Verdienstmöglichkeiten, Ernährungslage und Gesundheitsversorgung aus. Die entstehende Ernährungsunsicherheit verschärft ihrerseits die Situation. Dieser Kreislauf von Hunger -Konflikt/Katastrophen - Hunger ist eine dauernde Quelle akuter Nahrungsmittelkrisen.

Ernährungssicherungspolitik ist für versorgungsgefährdete Regionen der Welt ein prioritärer Bereich der Wirtschafts- und Sozialpolitik. Daher sind nationale Ernährungssicherungsstrategien notwendig, die auf der Analyse von akuten und strukturellen Engpässen und Risiken nationaler nahrungs- und ernährungsrelevanter Gesundheitsversorgung beruhen.

Der deutsche Beitrag zur Ernährungssicherung und Nahrungsmittelhilfe verfolgt - in Übereinstimmung mit der Verordnung (EG) des Rates vom 27. Juni 1996 über die Nahrungsmittelhilfepolitik und -verwaltung sowie über spezifische Maßnahmen zur Erhöhung der Ernährungssicherheit - folgende Zielsetzung:

- Förderung der Ernährungssicherheit, insbesondere der armen Bevölkerung in den Entwicklungsländern und -regionen, auf der Ebene der Privathaushalte sowie auf lokaler, nationaler und regionaler Ebene;
- Hebung des Ernährungsniveaus der Bevölkerung der Empfängerländer und Verbesserung des Zugangs dieser Bevölkerung zu einer ausgewogenen Ernährung;
- Verbesserung der Verfügbarkeit von und des Zugangs zu Nahrungsmitteln für die Bevölkerung;
- Beitrag zur ausgewogenen wirtschaftlichen und sozialen Entwicklung des ländlichen und städtischen Raums der Empfängerländer;
- Unterstützung der Anstrengungen der Empfängerländer zur Verbesserung der Nahrungsmittelerzeugung auf den verschiedenen Ebenen;
- Gewährleistung der Trinkwasserversorgung der Bevölkerung;
- Verringerung der Abhängigkeit der Bevölkerung von der Nahrungsmittelhilfe;
- Beitrag zur entwicklungsorientierten Armutsbekämpfung.

Analyse- und Durchführungskriterien für Ernährungssicherungsprogramme

1. Definitionen
   - o Definition des Konzeptes Ernährungssicherheit
   - o Landesspezifische Besonderheiten im Hinblick auf die Definition
2. Nationale Versorgungsdiagnose
2.1 Verfügbarkeit von Nahrungsmitteln
2.1.1 Definition von Nahrungsmitteln im landes- bzw. regionalspezifischen Kontext
2.1.2 Nahrungsmittelerzeugung
   - o geschlechtsspezifische Arbeitsteilung bei der Nahrungsmittelerzeugung
   - o Bemessungsgrundlage
   - o Entwicklung
   - o Zusammensetzung
2.1.3 Nahrungsmitteleinfuhren
   - o Zusammensetzung
   - o Kommerzielle Importe
   - o Nahrungsmittelhilfe
2.1.4 Lagerbestände

2.2 Nahrungsmittelbedarf
2.2.1 Demographische Entwicklung
   - o Familiengröße und Familienstand (z. B. weibliche Haushaltsvorstände)
   - o Altersstruktur nach Geschlechtern differenziert
2.2.2 Ernährungszustand nach Geschlechtern differenziert
2.2.3 Nahrungsbedarf
   - o Normauswahl
   - o Aggregiert und Pro-Kopf

3. Nationale Ernährungssicherungsdiagnose
3.1 Nahrungsmittelverbrauch
   - o Zusammensetzung
   - o Vergleich Bedarf/Ist-Verbrauch nach Geschlechtern differenziert
   - o Verbrauchsentwicklung nach Geschlechtern differenziert
   - o Regionale und saisonale Verteilung
   - o Verbrauchsstabilität
3.2 Einflussfaktoren der Ernährungssicherheit

Länder mit niedrigem Einkommen und Nahrungsmitteldefiziten

Aus: Bundesministerium für wirtschaftliche Zusammenarbeit (Hrsg): Ernährungssicherung und Nahrungsmittelhilfe als Instrument der Entwicklungszusammenarbeit- Sektorkonzept, Bonn 1997 (Broschüre, Auszüge)

Für den Einsatz von Ernährungssicherungsprogrammen und Nahrungsmittelhilfe kommen Länder mit strukturellen Nahrungsmitteldefiziten in Frage. Sie werden von der Landwirtschaftsorganisation der Vereinten Nationen (FAO) und dem Welternährungsprogramm (WEP) in der Liste der "low income food deficit countries (LIFDC)" klassifiziert.

Dieser Liste liegen folgende statistische Auswahlkriterien zugrunde:

- Das jährliche Pro-Kopf-Einkommen ist niedriger als 1.395 US$ (Werte werden von der Weltbank regelmäßig angepasst - der vorliegende Wert entspricht dem Stand Oktober 1996
- Die Einfuhren von Nahrungsmitteln übersteigen die Ausfuhren auf der Basis der letzten drei Jahre (dieser Wert wird auf der Basis von Nahrungsenergie berechnet).

Die Liste der LIFDC wird jährlich von der FAO überarbeitet. Sind Länder mit der Eingruppierung in die Liste nicht einverstanden, so können sie auf eigenen Wunsch entfernt werden.

Eine zusätzliche Untergruppierung erfolgt gemäß den Finanzierungsmöglichkeiten von Nahrungsmittelimporten. Dabei werden die LIFDC erfasst, bei denen der Wert der Nahrungsmitteleinfuhren höher als 25% der gesamten Exporterlöse ist. Die Länder mit ungünstigen Exportrelationen sind in der folgenden Liste mit einem „*" versehen.

Nach dem letzten Stand (März. 96) sind insgesamt 82 Länder auf der Liste:

Afrika (41) : Äquatorial Guinea, Äthiopien*, Angola*, Benin, Burkina Faso*, Burundi, Cote d' Ivore, Dschibuti*, Eritrea*, Gambia*, Ghana, Guinea, Guinea-Bissau*, Kamerun, Kap Verde*, Kenia, Komoren*, Kongo, Lesotho*, Liberia, Madagaskar, Malawi, Mali*, Marokko, Mauretanien, Mosambik*, Niger, Nigeria, Ruanda*, Sambia, Sao Thomé u. Principe, Senegal*, Sierra Leone, Simbabwe, Somalia*, Swasiland, Tansania, Togo*, Tschad, Zaire, Zentralafrik. Republik

Naher Osten (6) Afghanistan*, Ägypten*, Jemen*, Jordanien, Sudan*, Syrien

Ferner Osten (13) Bangladesch*, Bhutan, Kambodscha*, China ,Indien, Indonesien, Laos*, Malediven*, Mongolei, Nepal*, Pakistan, Philippinen, Sri Lanka*

Lateinamerika (7) Bolivien, Dominikanische Republik*, Ecuador, Guatemala, Haiti*, Honduras, Nicaragua*

Ozeanien (6) Kiribati, Papua-Neuguinea, Salomonen, Samoa, Tuvalu, Vanuatu

andere (9) Armenien, Albanien, Aserbaidschan, Georgien, Kirgistan, Mazedonien, frühere jugoslawische Republik , Tadschikistan, Turkmenistan, Usbekistan,

Voraussetzungen für ein Leben ohne Hunger

aus: Bundesministerium für wirtschaftliche Zusammenarbeit und Entwicklung: Integrierte Ernährungssicherungsprogramme in der deutschen Entwicklungszusammenarbeit. Bonn 1997 -Entwicklungspolitik - Materialien Nr. 95)

Ernährungssicherheit kann erst dann erreicht werden, wenn "für alle Menschen zu jeder Zeit der gleichberechtigte Zugang zu genügend Nahrungsmitteln für ein gesundes und aktives Leben gewährleistet ist" (Food Security Definition der Weltbank und EU).

Grundbedingungen für die Ernährungssicherung auf Haushaltsebene

1. Verfügbarkeit von Nahrungsmitteln (food supply security)

Die Verfügbarkeit von Nahrungsmitteln auf lokaler Ebene (Haushalt) ist abhängig von der eigenen Nahrungsmittelproduktion, der Vorratshaltung, dem Marktangebot (aus lokaler Überschussproduktion oder Importen aus anderen Gebieten) und Transferleistungen (Schenkungen, Nahrungsmittelhilfe).

2. Zugang zu Nahrungsmitteln (food consumption security)

Der Zugang zu Nahrungsmitteln hängt in erster Linie von Einkommen und Preisen und somit von der Verteilung der vorhandenen Mittel ab. Selbst bei entsprechendem Marktangebot (z.B. in den Städten) haben die Ärmsten oft keine ausreichende Kaufkraft, um die Nahrungsmittel zu beschaffen. Der Zugang wird aber auch von Faktoren wie Wissen, Normen und Werten oder verfügbarer Zeit und Transportmöglichkeiten bestimmt. Mangelnder Zugang zu Institutionen und Dienstleistungen hindert arme Bevölkerungsgruppen häufig, ihre Subsistenzproduktion, ihre Einkommensverhältnisse oder ihre Bildungsmöglichkeiten zu verbessern.

3. Verwendung und Verwertung von Nahrungsmitteln (food & nutrition security)

Die ernährungsphysiologisch adäquate Verwendung von Nahrungsmitteln ist eng verknüpft mit Verhaltensweisen und Wissen um Zusammensetzung und Zubereitung der Nahrungsmittel sowie deren Verarbeitung oder Lagerung; dies hat besondere Relevanz für Risikogruppen wie Kinder, Schwangere und stillende Mütter.

Von oft unterschätzter Bedeutung sind Krankheiten, die in einer engen Wechselbeziehung zu Mangel- und Unterernährung stehen. Dies kann einerseits direkt durch erhöhten Energiebedarf (z.B. Fieber, Parasiten) oder reduzierte Resorption (z.B. bei Durchfallerkrankungen) und andererseits indirekt z.B. durch weit verbreitete Ernährungstabus bei Krankheiten und Schwangerschaft der Fall sein. Ein Mangel an Vitaminen und Mineralstoffen (auch Mikronährstoffe genannt) kann aber auch unmittelbar zu Krankheitsbildern wie z.B. Blindheit, Anämie und Schilddrüsenfehlfunktion führen. Eng verknüpft mit der Gesundheitssituation ist der Hygienebereich (z.B. Trinkwasser, Abwasser und Abfall, Nahrungsmittellagerung und Mahlzeitenzubereitung ("food safety")).

Die Möglichkeit (Wissen, Fähigkeit und Zeit) der Haushalte, angemessen für anfällige Personengruppen materiell wie immateriell zu sorgen (caring capacity), ist ein weiterer Schlüsselfaktor. Hierzu zählt auch die ernährungsrelevante Verwendung des verfügbaren Einkommens und die intrafamiliäre Verteilung von Nahrungsmitteln. Hinzu kommt die ungleiche Verteilung innerhalb der Haushalte. Insbesondere in Kulturen, in denen der gesellschaftliche Status von Frauen und Mädchen gering geschätzt wird, kommt es auf Ebene der Haushalte und von kommunalen Gemeinschaften zu Benachteiligungen in der Verteilung von Nahrungsmitteln und anderen lebenswichtigen Gütern und Dienstleistungen. Da Frauen die Schlüsselrolle in der Ernährung innehaben, erfordern o.g. Zusammenhänge Lernprozesse unter den männlichen und weiblichen Zielgruppen wie auch bei dem Personal der Partnerorganisationen und im Partnerumfeld.

---

9 Das Weltbevölkerungswachstum - Herausforderung der Agrartechnik und der Politik

---

9. 1 Agrartechnik

Frankfurter Allgemeine Zeitung 9.1.97

"Agrarproduktion muss erhöht werden"
Wissenschaftler: Weltbevölkerung nimmt weiter zu / Versorgung sichern

cpm. KASSEL, 8. Januar. Die Industrieländer müssen ihre Agrarproduktion ausweiten. Darauf hat der Agrarwissenschaftler Peter Michael Schmitz, Universität Gießen, hingewiesen. Die Weltlandwirtschaft werde in 25 Jahren acht Milliarden Menschen versorgen müssen. Diese Ansicht hat Schmitz auf der Landwirtschaftlichen Woche Nordhessen in Baunatal bei Kassel vertreten. Etwa 90 Prozent der nötigen Leistungssteigerung müssten über Ertragszuwächse erreicht werden, denn die Flächenreserven der Erde seien inzwischen erschöpft. Dies erfordere eine Intensivierung der Landbewirtschaftung und den Einsatz der Agrarchemie, ohne den das nicht zu bewältigen sei.

Gefordert sind nach Schmitz besonders die Industrieländer. Sie müssten die Menschheit als Nettoexporteure mitversorgen. Die Versorgung des Weltmarktes können nach Ansicht von Schmitz nur "Global player" sichern. In der deutschen Lebensmittelbranche gebe es davon allerdings zu wenige. Diesen könne die heimische Landwirtschaft zuarbeiten. Durch den stark wachsenden Bedarf an Nahrungsmitteln und die Verschiebung von Marktanteilen entstünden Lücken, die auch die deutsche Landwirtschaft füllen könne. Der Präsident des Hessischen Bauernverbandes, Heinz Christian Bär, verwies darauf, dass heute ein Chinese im Jahr ein Kilogramm Rindfleisch esse, ein Deutscher 16 Kilogramm und ein Amerikaner 43 Kilogramm. Schon geringfügige Veränderungen der Eßgewohnheiten könnten zu deutlichen Marktveränderungen führen. Wie Schmitz außerdem sagte, müsse Deutschland den Wandel von der Sozialen Marktwirtschaft zur Wettbewerbswirtschaft auch in seiner Landwirtschaft und der Nahrungsmittelwirtschaft vollziehen. [...]

Die Welt 1.9.97
Die Welternährung braucht neue Wege

Herkömmliche Landwirtschaft stößt an ihre Grenzen - Technologietransfer in Dritte Welt - Liberalisierung der Handelsmärkte
Von A. GILGENBERG-HARTUNG

Berlin - Jede Minute verschwinden knapp 30 Hektar Wald auf der Erde - ein Areal vergleichbar mit 40 Fußballfeldern. Eine bedrohliche Realität. Und doch bleibt den armen Bauern Afrikas, Lateinamerikas und Südostasiens derzeit keine andere Wahl, als den Wald abzuholzen, um genügend Land für ihren steigenden Nahrungsbedarf zu gewinnen.
Gleichzeitig gehen in den Wirtschaftsmächten Asiens Millionen Hektar Agrarflächen durch die Industrialisierung verloren. Prognosen zufolge ist in China, dem größten Land Asiens, in 30 Jahren soviel Ackerland verbraucht, das 125 Millionen Menschen hätte ernähren können.
Bis zum Jahr 2005 bevölkern schätzungsweise 8,5 Milliarden Menschen die Erde, fast drei Milliarden mehr als heute. "Soll die Nahrungsproduktion mit dem Bevölkerungswachstum Schritt halten, werden in den nächsten 20 Jahren so viele Lebensmittel gebraucht werden, wie in den letzten 10.000 Jahren zusammen", prognostiziert Biologe Manfred Kern von dem Unternehmen AgrEvo. Die herkömmliche Landwirtschaft vermöge das nur schwer oder gar nicht zu leisten. Mehrerträge durch Düngung und Pflanzenschutz könnten an ihre Grenze stoßen. Gebraucht würden neue Pflanzensorten, die auf den Fortschritten der Biotechnologie und Gentechnik basierten. Diese könnten die natürlichen Ressourcen wie Boden, Wald und Wasser schonen. So zum Beispiel ein Reis, der auch bei Trockenheit wächst, oder Gemüse, das Schädlingen nicht schmeckt.

Die Welt zu ernähren ist nicht das gleiche, wie genügend Lebensmittel bereitzustellen. "Die zu kurz gegriffene Forderung nach höheren Erträgen, um immer mehr Hunger zu stillen, geht nicht auf", beklagt Ulrich Köpke vom Institut für organischen Landbau in Bonn. Jahrzehntelange Agrarüberschüsse in der EG hätten den Hunger in der Welt nicht besiegen können. Die Ursachen des Welthungers lägen vielmehr in politischen, sozialen, kulturellen und ökonomischen Hindernissen. Daran scheitern auch immer wieder Entwicklungshilfen. Bedeutet dies, dass jede Unterstützung seitens der Industrieländer zwecklos bleiben muss? Sollte man,
zum Beispiel durch organischen Landbau, nur soviel Nahrung produzieren, dass alle Deutschen satt werden? Wohl kaum.

Abgesehen von der moralischen Verpflichtung, den 840 Millionen Hungernden in der Welt zu helfen, würde das Konfliktpotenzial zwischen arm und reich bei knapper Nahrung immer größer. "Eine Folge könnte sein, dass die Menschen aus den Entwicklungsländern nach Deutschland drängen", äußert Günter Dresrüsse, Teilbereichsleiter Landwirtschaft von der Gesellschaft für technische Zusammenarbeit (GTZ). Die Zahl der Asylbewerber zeige, dass diese Gefahr bereits real sei. Noch schmerzlicher könnte aber eine andere Entwicklung werden. Hält die Nahrungsproduktion mit dem Bevölkerungswachstum nicht mit, werden Lebensmittel knapp und die Preise steigen. Das geht nicht nur spürbar zu Lasten der Verbraucher in den wohlhabenden Industrieländern. Sondern es verschlechtert noch mehr die Lage in der Dritten und Vierten Welt. Was bleibt also zu tun?

Der Frankfurter Biologe Kern ist davon überzeugt, dass die Industrieländer durch eine umweltverträgliche landwirtschaftliche Produktion gefordert seien, die Menschheit in Zukunft zumindest teilweise mitzuversorgen. Nicht nur um damit die Preisspirale zu vermeiden, sondern auch um Politikern mehr Handlungsfreiheit einzuräumen.

"Voraussetzung dafür ist aber, dass die Entwicklungsländer über die entsprechende Kaufkraft verfügen, um sowohl die pflanzlichen, als auch die tierischen Produkte zu erwerben", meint Michael Schmitz vom Institut für Agrarpolitik und Marktforschung in Gießen. Diese könne zum Beispiel auch durch Herstellung arbeitsintensiver industrieller Produkte wie Textil, Schuhe oder Schmuck aufgebaut werden. Ermutigende Beispiele von Entwicklungserfolgen gäbe es in China, Indien, Indonesien oder Chile.

"Ebenso wichtig ist aber auch, das Know-how landwirtschaftlicher Erzeugung in die Nachfrageregionen zu tragen", sagt Kern

Doch das könne nur im Schulterschluss mit staatlicher und privater Forschung erreicht werden. Sowohl Pflanzenzüchter und Bauern als auch Ökologen, Ökonomen und Agrartechniker müssten am runden Tisch gemeinsam ein ganzes Paket potenzieller Möglichkeiten erarbeiten.

Derzeit würde AgrEvo im Rahmen der AIDA (Allianz der international ausgerichteten deutschen Agrarforschung) Projekte und Programme für Afrika, Südostasien und Südamerika konzipieren. Daran beteiligen sich rund 200 deutsche Wissenschaftler in vier Arbeitsgruppen. Die Vorlagen würden schon bald den Bonner Ministerien vorgelegt.

Einen dauerhaften Erfolg für Entwicklungshilfen sehen die Experten aber nur in der Liberalisierung des Welthandels. "Das Agrarmodell Europas ist ein Auslaufmodell", betont der Gießener Ökonom Schmitz. Zölle und Einfuhrbeschränkungen, Dauersubventionen und allerlei Regulierungen würden nicht nur das unternehmerische Denken in der Landwirtschaft zurückdrängen, sondern behindere durch die Absenkung der Weltmarktpreise die Entwicklung der Agrarwirtschaft in der Dritten und Vierten Welt.

Auch die Liberalisierung in den Entwicklungsländern selbst induziere höhere Erzeugerpreise und fördere somit die Agrarentwicklung.

Günter Dresrüsse von der GTZ: „Die Liberalisierung des Welthandels könnte den Entwicklungsländern mehrere 100 Milliarden Dollar Gewinn pro Jahr einbringen. Das wäre ungleich mehr als die derzeit jährlich weltweit geleisteten 55 Milliarden Dollar Entwicklungshilfe."

Frankfurter Allgemeine Zeitung 28.10.96

Selbst acht Milliarden Menschen bräuchten nicht zu hungern
Optimismus der Internationalen Agrarforschungsinstitute / Mehr Geld für die landwirtschaftliche Forschung

C.K. WASHINGTON, 27.Oktober. Selbst wenn im Jahre 2025 rund 8 Milliarden Menschen - 2,5 Milliarden mehr als heute - die Welt bevölkern, brauchen diese nicht zu hungern. Die Erde verfügt über die notwendigen Ressourcen, um sie zu ernähren. Voraussetzung sind freilich angemessene wirtschaftliche und politische Rahmenbedingungen, vernünftige wirtschaftspolitische Entscheidungen und die uneingeschränkte Förderung der landwirtschaftlichen Forschung in den Industrieund Entwicklungsländern gleichermaßen. Mit dieser optimistischen Aussage richtet sich die Beratungsgruppe für Internationale Agrarforschung (CGIAR) gegen die weit verbreitete These, die Ressourcen der Erde seien zu limitiert, um die viel zu rasch wachsende Weltbevölkerung zu ernähren. Der Optimismus stützt sich auf die Arbeit der 16 internationalen Agrarforschungsinstitute, die der CGIAR angehören. Die Wissenschaftler dieser Forschungseinrichtungen, die sich vornehmlich mit der Förderung der Landwirtschaft in der Dritten Welt befassen, waren in den sechziger Jahren für die "Grüne Revolution" verantwortlich, die nicht nur Indien vor einer Hungerkatastrophe rettete, sondern die Nahrungsmittelversorgung in den Entwicklungsländern insgesamt wesentlich verbesserte. Diese Wissenschaftler bereiten heute eine zweite globale Nahrungsmittelkampagne vor, deren Ausmaß die "Grüne Revolution" weit übertreffen soll. Wesentlich dabei ist vor allem die volle partnerschaftliche Einbindung der armen Kleinbauern in die Forschungsarbeiten. Nicht nur soll ihr traditionelles Wissen Eingang in die Forschungsarbeit finden; aus der Erkenntnis heraus, dass die Bauern neue landwirtschaftliche Methoden oder verbessertes Pflanzenmaterial nur dann akzeptieren und in umweltverträglicher Weise einsetzen, wenn sie von deren Nützlichkeit überzeugt sind, wird die Forschung auch mehr als bisher auf die Wünsche dieser Bauern eingehen. "Die beste Agrarforschung nutzt nichts, wenn der Bauer die Ergebnisse ablehnt, sie nicht bezahlen kann oder wenn sie seinen Bedürfnissen nicht entsprechen", sagt der für die CGIAR zuständige Vizepräsident der Weltbank, Ismail Serageldin. Ein erstes globales Forum wird sich auf Einladung der CGIAR in dieser Woche in Washington mit den Fragen befassen, wie die Zusammenarbeit zwischen den Bauern, den Wissenschaftlern, dem Privatsektor, den Nichtregierungsorganisationen, den Regierungen und den internationalen Organisationen gestärkt und gemeinsame Lösungsansätze zu den anstehenden Fragen gefunden werden können.

Mit dieser neuen Strategie will die CGIAR drei Ziele gleichzeitig verwirklichen:

- Nahrungsmittelsicherheit für alle und die Überwindung der Armut bei gleichzeitigem Schutz der Umwelt.

Die Anstrengungen konzentrieren sich dabei auf das komplizierte landwirtschaftliche Nutzungssystem der Kleinbauern, da in den ländlichen Gebieten der Entwicklungsländer die größte Zahl der Armen lebt und die Landwirtschaft die wichtigste Basis für wirtschaftliche Entwicklung und Beschäftigung bildet. Im einzelnen sollen durch besseres, widerstandsfähigeres Pflanzenmaterial die Ernteerträge erhöht und der Ausfall durch Krankheiten, Ungeziefer oder klimabedingte Schäden minimiert werden. Daneben sollen neue Methoden des Wassereinsatzes, der Bodenverbesserung, der Tierhaltung sowie der landwirtschaftlichen Nutzung des Waldes den Kleinbauern das notwendige Instrumentarium geben, um ihr Einkommen zu erhöhen und die Armut auf dem Land zu überwinden.

Die diesbezüglichen Forschungsarbeiten sind in den verschiedenen Forschungszentren bereits auf gutem Wege. So gibt es schon heute für Reis, Weizen und Cassava neue Sorten mit deutlich höheren Erträgen und anderen hervorragenden Eigenschaften. Für Kartoffeln und Bohnen werden Sorten entwickelt, die auch in den heißen und feuchten Klimazonen angebaut werden können. Wissenschaftler arbeiten zudem an der Anreicherung von landwirtschaftlichen Produkten mit Mineralien und anderen wichtigen Nährstoffen für den menschlichen Körper. Die Nutzung bestimmter Mehrzweck-Bäume wird ebenso erforscht wie die Ertragssteigerung in Fischfarmen und in der Tierhaltung. Neue Methoden werden auch für die Nutzung säurehaltiger Böden entwickelt, die häufig in den Entwicklungsländern vorkommen und bisher wenig Verwendung fanden. Schließlich gibt es bereits zahlreiche erfolgreiche Beispiele, wie der Einsatz von Schädlingsbekämpfungsmitteln und von Dünger bei gleichzeitiger Ertragssteigerung deutlich verringert werden kann.

Ungeachtet dieses wichtigen Beitrages der Agrarforschung für die Ernährung der Menschheit, die Überwindung der Armut und die Erhaltung der Umwelt geben die Entwicklungsländer immer weniger Geld für die landwirtschaftliche Forschung aus. Gleichzeitig ist auch der Anteil der offiziellen Entwicklungshilfe, die für Landwirtschaft insgesamt ausgegeben wird, von 1980 bis 1990 von 20 auf 14 Prozent gesunken. Auf die internationale Agrarforschung entfallen nur 0,5 Prozent der offiziellen Entwicklungsgelder. Dies ist angesichts der stark steigenden Weltbevölkerung und des erhöhten Nahrungsmittelbedarfs kurzsichtig; es ist aber auch deshalb unverständlich, weil die Industrieländer selbst von den Ausgaben für die internationale Agrarforschung überproportional profitieren. Nach einer neuen

profitieren. Nach einer neuen Studie der Agrarfakultät der Universität in Davies (Kalifornien) haben beispielsweise die Vereinigten Staaten aus ihrer Investition in die Weizenforschung des Internationalen Weizeninstituts (CIMMYT) bisher einen 190fachen Nutzen gezogen; bei Reis liegt das Verhältnis von Kosten und Nutzen bei eins zu 17. Ähnlich sind die Relationen auch für die anderen Geberländer. Dennoch werden in den meisten Industrieländern die Zuwendungen zur internationalen Agrarforschung aufgrund der angespannten Haushaltslage weiter gekürzt. "Ein weiterer Rückgang der Ausgaben für die Landwirtschaft und die Forschung wird die Nahrungsmittelsicherung wesentlich beeinträchtigen, die Umwelt schädigen und das Überleben von Millionen von Familien in den Entwicklungsländern gefährden", warnt daher Serageldin.

Handelsblatt, 4.11.1999

Mehr Nahrung durch Biotechnologie

Von DIETRICH ZWÄTZ

Nahrung gäbe es genug auf diesem Planeten - auch für eine ständig wachsende Weltbevölkerung, die soeben den sechstmilliardsten Erdenbürger begrüßen konnte. Die Frage ist nur: Wird die Nahrung in ausreichendem Umfang auch dort produziert, wo sie gebraucht wird - oder kann sie alternativ zu erschwinglichen Kosten zu den Menschen transportiert werden, die dringend darauf angewiesen sind? Schließlich geht es um die Frage: Wird auch dann genügend Nahrung angeboten, wenn die bislang armen Länder der Dritten Welt zu einigem Wohlstand gelangen - wenn sie sich also in der Zukunft möglicherweise mehr und bessere Lebensmittel leisten können?

Diese letzte Frage ist jüngst vom International Food Policy Research Institute (IFPRI) in der amerikanischen Hauptstadt Washington D.C. aufgeworfen worden. In der neuen Untersuchung mit dem Titel "World Food Prospects: Critical Issues for the Early Twenty-First Century" überraschen die Forscher mit ungewöhnlichen Forderungen.

Weil die Weltbevölkerung bis zum Jahr 2020 um etwa 75 Millionen Menschen zunehmen wird und in den Entwicklungsländern die Einkommen im Schnitt steigen, wird die Nachfrage nach Nahrungsmitteln überdurchschnittlich zunehmen, so die Erkenntnis des IFPRI. Für das Jahr 2020 zeichnet sich deshalb laut Studie „eine erhebliche Lücke zwischen der Nahrungsmittelproduktion und der Nachfrage ab", wenn die Reis- und Weizenerzeugung sowie die Produktion anderer Getreide nicht um mindestens 40 Prozent erhöht wird und die Entwicklungsländer ihre Getreideeinfuhren nicht verdoppeln. Der Hauptlieferant des in 20 Jahren zur Deckung des erhöhten Nahrungsmittelbedarfs benötigten

Getreides werden die Vereinigten Staaten sein.

Eine ähnliche Entwicklung erwartet das IFPRI bei der Nachfrage für Fleisch. Heute schon sei eine „bedarfsorientierte Revolution beim Viehbestand im Gange". Der Bericht prognostiziert, dass sich bis zum Jahre 2020 die Nachfrage nach Fleisch in der Dritten Welt verdoppeln wird.

Gemessen an 1995 müssen viele Entwicklungsländer ihre Fleischeinfuhren verachtfachen, um die steigende Nachfrage zu befriedigen. Der größte Anteil an diesem Zuwachs der Fleischnachfrage entfällt mit 40 Prozent auf das bevölkerungsreichste Land der Welt: die Volksrepublik China.

Ohne die Biotechnologie wird sich nach Meinung der IFPRI-Experten

die Produktion von Getreide aber nicht in dem nötigen Umfang steigern lassen. Sehr vorsichtig, doch immerhin eindeutig erklären sie: "Die Biotechnologie kann den Farmern bei der Reduzierung der Produktionsrisiken und der Erhöhung der Erträge helfen, wenn es nur um die Lösung der Probleme der Entwicklungsländer geht." Nach den IFPRI-Erkenntnissen „kann der Einsatz der Biotechnologie in der Dritten Welt das Getreide nahrhafter machen und dazu beitragen, die Nahrungsdefizite der Hungernden auszugleichen, die ihrerseits zu Krankheiten und zum vorzeitigen Tode von Millionen von Frauen und Kindern in jedem Jahr führen".

Die wichtigste Aufgabe beim Einsatz der Biotechnologie fällt im 21. Jahrhundert der amerikanischen Landwirtschaft zu. Sie kann ihre Absatzmärkte erheblich ausweiten, wenn die Liberalisierung des Welthandels weitergeht. Nach Ansicht der Federal Reserve Bank von Chicago, einer Niederlassung der US-Notenbank, werden die amerikanischen Farmer von dieser Handelsliberalisierung profitieren. Voraussetzung aber ist, dass jene Staaten, die als Absatzmärkte für amerikanische Nahrungsmittel in Frage kommen, nicht gerade ihren Agrarsektor abriegeln.

In einer Untersuchung stellte die FedBank von Chicago zu Beginn des vergangenen Jahres fest, dass „die stärksten Kräfte hinter einer zunehmenden Nachfrage nach Nahrungsmitteln die steigenden Bevölkerungszahlen und die Verbesserung der Einkommensverhältnisse jenseits amerikanischer Grenzen" sind. In den vergangenen 25 Jahren ist die Weltbevölkerung um mehr als zwei Milliarden Menschen - das entspricht einer Zunahme von 50 Prozent - gewachsen. Zum Vergleich: Die Einwohnerzahl der USA ist nur mit der halben Rate gestiegen. Der Trend wird sich auch in den kommenden Jahren höchstens abschwächen: Die Bevölkerung in den Entwicklungsländern - davon gehen die meisten Forscher aus - wächst auch künftig stärker als in den Industriestaaten.

Folgerichtig kommen die Analysten der Fed-Bank von Chicago zu dem gleichen Schluss wie jüngst die IFPRI-Experten: Eine wachsende Bevölkerung, die zugleich über höhere Einkommen verfügt, isst nicht nur mehr, sondern sie verändert auch ihre Ernährungsgewohnheiten.

Die Ansprüche an die tägliche Nahrung steigen stetig. Getreide wird in den meisten Ländern der Dritten Welt vor Ort angebaut. Veredelte Nahrungsmittel wie Fleisch, Gemüse und Obst müssen dagegen häufig importiert werden. Hier sieht die Federal Reserve Bank von Chicago in Zukunft gute Absatzchancen für Produkte der amerikanischen Landwirtschaft.

Die Biotechnologie wird zu einer höheren Produktivität der Landwirtschaft führen, die Kosten werden aber nach Ansicht der Experten aus Chicago sinken, und die agrarischen Rohprodukte werden dank der Biotechnologie stärker auf die speziellen Interessen der Verarbeiter und Verbraucher zugeschnitten sein. Der Schutz der Umwelt und die Erhöhung der Nahrungsmittelsicherheit gewinnen einen neuen Stellenwert.

Zur Einkommensverbesserung der Bauern in der Dritten Welt, speziell der ländlichen Bevölkerung auf den tropischen Berghängen, entwickelt die - der Weltbank nahe stehende - Consultative Group on International Agricultural Research" (CGIAR) neue Ansätze. In den tropischen Regionen Lateinamerikas, Afrikas und Asiens, die 13 Millionen Quadratkilometer oder neun Prozent der Landfläche der Erde umfassen, leben 525 Millionen Menschen. Die tropischen Berghänge enthalten 50 Prozent der Tropenwälder und 20 Prozent der Süßwasserquellen der Erde.

Doch in diesen Regionen gehen jährlich 26.000 Quadratkilometer tropische Wälder und durch Erosion 13 Milliarden Tonnen fruchtbarer Ackerboden verloren. Die CGIAR-Wissenschaftler führen sowohl die Schlammlawinen, die

Mexiko im Oktober trafen, wie die Verwüstungen, die der Hurrikan „Mitch" in Mittelamerika anrichtete, auf die Erosionen zurück. Deshalb legen sie ein neues Programm zum Schutz der tropischen Berghänge und zur Verbesserung des Einkommens der landwirtschaftlich tätigen Menschen in diesen Gebieten vor.

Etwa 40 Prozent der Menschen in diesen tropischen Regionen leben in absoluter Armut. Diese hat nach Erkenntnissen der CGIAR nicht nur zu Not und Hunger geführt, sondern auch politische und kriminelle Gewalt ausgelöst - wofür die Drogenkriminalität in Lateinamerika, Mexiko und Südostasien sowie der Bürgerkrieg in Ruanda Beispiele sind. Das wiederum hat zu einem Massenexodus der Menschen vom Land in die Städte geführt.

Zusammen mit dem „International Center for Tropical Agriculture" (abgekürzt: CIAT) im kolumbianischen Cali haben die Wissenschaftler von CGIAR fünf Lösungsansätze formuliert, die an drei tropischen Berghängen in Lateinamerika getestet werden sollen: Mit Hilfe von Computern sollen die Nutzung von agrarischem Land erkundet und alternative Möglichkeiten auf nationaler, regionaler und lokaler Ebene gefunden werden. Arme Bauern sollen dazu ausgebildet werden, mit nur geringer Unterstützung von außen landwirtschaftliche Probleme selbst zu lösen. Mit Hilfe von neuen landeseigenen Kleinorganisationen sollen die Armut bekämpft und ein weiterer Verlust von Ackerboden in den tropischen Regionen verhindert werden.

In Experimental-Centern sollen Wissenschaftler, Bauern und Entwicklungshelfer zusammenarbeiten, um alternative Methoden für die agrarische Produktion und den Schutz der Natur zu entwickeln.

Die regionalen Produktionsgemeinschaften müssen in der Lage sein, Informationen zu sammeln und auszuwerten, um ihre Entscheidungen zu treffen. Von diesem Programm versprechen sich CGIAR und CIAT eine Hilfe für die armen Menschen auf den tropischen Berghängen, die nicht nur zu einer besseren Ernährung, sondern auch zu einem Schutz der Natur und der Böden führt.

9.2 Land- und Bodenreform

aus: "Welternährung" - Zeitung der Deutschen Welthungerhilfe, Nr. 2 / 1997

Hunger nach Land
Land- und Agrarreformen sind in vielen Ländern überlebenswichtig
Von Jochen Donner

Mit wachsender Bevölkerung und zunehmender Industrialisierung verringert sich weltweit die landwirtschaftliche Nutzfläche. Den Armen in den ländlichen Gebieten wird es dadurch und durch rechtliche Beschränkungen immer schwerer, Zugang zu bebaubarem Land zu bekommen. "Zugang zu Land" wird deshalb zu einem Schwerpunktthema der Deutschen Welthungerhilfe.

Weltweit hungern 841 Millionen Menschen, darunter sind über 190 Millionen Kinder. Die meisten Hungernden leben in Asien und Schwarzafrika. Laut Weltbank leben 1,3 Milliarden Menschen unter der Armutsgrenze - dazu gehören Menschen, die weniger als einen US-Dollar pro Tag haben, fast drei Milliarden Menschen verfügen nur bis zu zwei US-Dollar pro Tag. Die Weltbevölkerung ist in den letzten Jahrzehnten auf 5,8 Milliarden Menschen gewachsen, in wenigen Jahrzehnten wird sie die acht Milliarden überschritten haben. Zu viele Menschen sind heute mangels Kaufkraft gar nicht in der Lage, an den Angeboten der nationalen und internationalen Nahrungsmittelmärkte teilzuhaben. Den Armen in den ländlichen Gebieten der Dritten Welt aber fehlt der ausreichende Zugang zu Land -- über 900 Millionen sind landlos - und das Einkommen, um genug zu produzieren oder auf den Märkten einzukaufen.
Vor allem in Asien konkurrieren Straßen- und Städtebau sowie Industrieansiedlungen miteinander um bisherige Agrarflächen. Folglich gibt es viele unlautere Methoden, den Bauern das Land "abzukaufen". In Thailand beispielsweise haben Bauern gedacht, sie verkaufen ein Stück Sumpfland an einen Städter. Als sie hinterher die Verträge in ihrer Hand hatten, stellten sie fest, dass sie ihr ganzes Land verkauft hatten, inclusive Dorftempel. Der "Zugang zu Land" ist aber überlebenswichtig für diese Menschen.
"Zugang zu Land" für Kleinbäuerinnen und Kleinbauern ist auch eine Kernforderung des Welternährungsgipfels 1996: die Forderung nach Land- und Agrarreformen in den Ländern, in denen der Zugang zu dieser Basisressource der Produktion nicht in genügendem Maße gewährt wird; wo Land ungleich und unproduktiv verteilt ist, und bäuerliche Landrechte nicht anerkannt werden und somit die Gefahr besteht, dass Kleinbauern ihr Land verlieren werden.
In den 80er und 90er Jahren war das Problem des "Zugangs zu Land" nahezu von der Tagesordnung der internationalen Entwicklungspolitik verschwunden. Makro-ökonomische Strukturanpassungsprogramme der Weltbank verstellten den Blick für das, was noch auf Weltkonferenzen der FAO in den 70er Jahren klar gesehen worden war - die Auswirkung der Landfrage auf Hunger und ländliche Armut und deren Lösung. Durch Landkonflikte, Revolten und Proteste der Landlosen und Kleinbauern in Lateinamerika (Brasilien) und Asien (Thailand) kehrt diese Problematik in das entwicklungspolitische Bewusstsein zurück. Es sind Konflikte, die oft ohne unmittelbare Aussicht auf gewaltfreie Lösung weiterbestehen

werden, solange die krassen Ungleichheiten im "Zugang zu Land" sich eher noch verschärfen.

Auf den Philippinen gehören sieben von zehn Millionen Hektar landwirtschaftlicher Nutzfläche dem Großgrundbesitz, während nur zwei von 12 Millionen Philippinos, die in der Landwirtschaft arbeiten, eigenes Land bewirtschaften. Im südlichen Afrika sind 40% der Bewohner landlos; ihr Anteil wächst ständig. Besonders stark sind die Ungleichgewichte in Südafrika, Namibia und Simbabwe. In Simbabwe zählen etwa 200.000 Familien auf dem Land zu den Siedlern ohne Besitztitel, während 4.500 weißen Farmern über die Hälfte des landwirtschaftlich nutzbaren Landes gehört, das meist für den Export genutzt wird. Die ungerechte Landverteilung wirkt sich vor allem so verheerend aus, weil die meisten Menschen in der Region ihr Überleben in der Landwirtschaft verdienen müssen - mangels Alternative. In Afrika leben in einigen Ländern bis zu über 80% der Bevölkerung auf dem Land. In den Entwicklungsländern insgesamt sind es rund 60% der Menschen, die ihr Einkommen durch die Landwirtschaft verdienen.

Die Deutsche Welthungerhilfe hat seit den 70er Jahren in Projekten ihrer Partner immer wieder Erfahrungen in der Landfrage gesammelt und Landlegalisierungen, Landerwerb und die Sicherung von Nutzungsrechten für Kleinbauern in Afrika, Asien und Lateinamerika unterstützt. Sie wird solche Projekte und Programme auch weiterhin unterstützen. Zusätzlich wird die Deutsche Welthungerhilfe nun in ausgewählten Ländern zusammen mit ihren Partnerorganisationen die politische Frage notwendiger Land- und Agrarreformen angehen.

Die gewonnenen Erkenntnisse werden der Öffentlichkeit in Deutschland und zusammen mit Partnern in ihren Ländern sowie in entsprechenden UN-Gremien vorgestellt. Es kommt darauf an, den Dialog der Partner und Basisorganisationen der Landbevölkerung im Süden über die Landfrage mit den dortigen Regierungen im Sinne einer erfolgreichen Umsetzung des Aktionsplans des Welternährungsgipfels zu unterstützen. Auf die Bundesregierung soll eingewirkt werden, dass sie diese Fragen bilateral und in der europäischen Entwicklungszusammenarbeit (EZ) im Dialog mit den Entwicklungsländern thematisiert und die Prioritäten der EZ entsprechend setzt.

Die Deutsche Welthungerhilfe und ihre Partner sind sich bewusst, dass der Zugang zu Land nur eine Seite der Hunger- und Armutsmedaille ist. Die andere Seite ist geprägt von der Frage nach ertragreicher und nachhaltiger Nutzung dieses knappen Guts. Der "Zugang zu Land" und seine institutionelle Regelung ist eine wesentliche Voraussetzung dafür, dass Kleinbauern an einer Entwicklung teilhaben können - sie ist aber nicht hinreichend. Mit der Lösung der Landfrage beginnt die Aufgabe der Entfaltung der Selbsthilfekräfte. An die Landfrage schließt unmittelbar an die Frage nach möglichst effektiver und effizienter Nutzung des Landes im Sinne nachhaltiger Ernährungssicherung. Hier haben die Partner der Deutsche Welthungerhilfe die Erfahrung und die Möglichkeit, wirksam mit den Menschen und ihren Organisationen direkt zu operieren und Regierungspolitiken und -programme im Dialog politisch fachlich zu beraten - oder zu kritisieren.

9.3 "Grüne Revolution"

Die Rheinpfalz 25.10. 95
„Grüne Revolution" lässt Brasiliens Agrarproduktion explodieren

Experten: Position des Landes als Nahrungsmittelexporteur wird sich weiter verbessern - Mineralien haben Ödland fruchtbar gemacht
Von AP-Korrespondent Todd Lewan

FORMOSA. Auf den Plateaus um die brasilianische Region Formosa erstreckt sich ein grüner Teppich von Sojabohnensprossen bis zum Horizont. Weizen, Mandarinen, Gurken, Avocados und sogar Erdbeeren gedeihen auf der fruchtbaren Cerrado, der Buschsteppe im Landesinneren Brasiliens. Die „Grüne Revolution" ist da, und sie bringt eine Kombination von verbessertem Saatgut und High-Tech-Landwirtschaft in eines der letzten Gebiete des Ackerbaus - eine 200 Millionen Hektar große Savanne.

Nach Ansicht von Fachleuten wird sich die Position des Landes als Nahrungsmittelexporteur von Platz fünf deutlich nach vorne verbessern. Landwirte in dem 1.600 Kilometer vom nächsten Hafen entfernten Gebiet von Formosa fordern zusammen mit anderen Cerrado-Anliegern die Einrichtung einer Bahnverbindung oder den Bau eines Kanals, um ihre Produkte für den Export an die Küste transportieren zu können. „In den 4oer Jahren war dies nur ein Traum", sagt Agronom Norman Borlaug, dessen Forschungsarbeiten auf dem Gebiet des Weizenanbaus der „Grünen Revolution" in Asien Auftrieb gaben und ihm 1970 den Friedensnobelpreis einbrachten. Borlaug hofft, dass Asien mit seiner rapid wachsenden Bevölkerung einen Großteil der brasilianischen Produktion an Sojabohnen, Reis, Weintrauben, Äpfel, Weizen und anderen Feldfrüchten abnehmen wird.

Die landwirtschaftliche Produktion Brasiliens ist seit 1980 um 47 Prozent gestiegen - schneller als jeder andere Industriezweig. Im gleichen Zeitraum nahm die Industrieproduktion um elf Prozent zu. Bei seit 1980 unveränderter Anbaufläche und trotz einer 50prozentigen Kürzung der Agrarsubventionen konnte Brasilien 1994 eine Rekordernte von 75,2 Millionen Tonnen Getreide und Ölsaaten einfahren.

Auf der Cerrado, wo die Bauern bisher immer noch erst ein Fünftel des Ackerlands bestellen, hat sich die Getreideproduktion im Verlauf der letzten 25 Jahre auf 20 Millionen Tonnen jährlich vervierfacht. Der Produktivitätssprung ist das Ergebnis des Einsatzes neuer Maschinen und Geräte, der Anlage von Bewässerungssystemen und des Fortschritts in der Bodenmikrobiologie sowie in der Entwicklung der biologischen Schädlingsbekämpfung.

„Wir können auf die Erschließung neuen Ackerlands verzichten, unsere natürlichen Ressourcen erhalten und trotzdem die Produktion deutlich steigern", sagt Darci Gomes vom Cerrado--Forschungszentrum in der Nähe der Hauptstadt Brasilia. „Wir tun nur ein Teil dessen, was wir hier tun könnten." Jahrelang hatten die Farmer der Gegend die Cerrado, ein mit krummen Bäumen und Sträuchern bestandenes Ödland, links liegen gelassen, weil es zu weit von den großen Städten der Atlantikküste entfernt ist und weil der Boden zu sauer war. Dies änderte sich 1960, als die moderne, futuristische neue Hauptstadt Brasilia aus dem roten Lehmboden der Cerrado gestampft wurde, um im Kernland Brasiliens einen Anziehungspunkt für die Bewohner des Landes zu schaffen.

Wissenschaftler des Cerrado-Forschungszentrums stellten fest, dass der durch Zusatz von Mineralien wie Kali und Phosphat fruchtbar gemacht werden konnte. Heute bringt die Cerrado 45 Prozent der Kaffee-Ernte des Landes ein. Die phänomenale Entwicklung der Cerrado spiegelt sich in Formosa wider, einer einst rückständigen Ortschaft, die sich zu einer wirklich schmucken Kleinstadt gemausert hat.

Doch ein Wermutstropfen bleibt. Zwar ist das Land billig und der Regen zuverlässig, doch liegt die Region weitab von den Märkten in Rio de Janeiro, Sao Paulo und Belo Horizonte, und mangels einer Bahn- oder Flussverbindung sind die Transportkosten hoch. „Die Landstraßen sind miserabel, und die Spediteure langen ganz schön hin", sagt Agronom Jonas Lopes Neves vom Cerrado-Forschungszentrum. Bis unsere Sojabohnen den Hafen erreichen, hat sich der Preis verdreifacht."

Frankfurter Allgemeine Zeitung 26.3.1994

Grüne Revolution rettete Millionen Menschenleben

Die Ernährungssituation in Asien bleibt trotzdem unsicher / von Erhard Haubold

NEU-DELHI, im März. Indien und Indonesien, die "Giganten" Asiens, sind heute Selbstversorger, kommen weitgehend ohne Importe von Reis und Weizen aus, haben in manchen Jahren überquellende Lagerhäuser: Das ist das wichtigste Ergebnis der "grünen Revolution", zu schweigen von der damit direkt verbundenen politischen Unabhängigkeit und dem nationalen Stolz von Drittwelt-Ländern, die erst seit ein paar Jahrzehnten unabhängig sind. Viele Inder erinnern sich noch an die große Dürre von 1966, die zu Hunger und zu einigen zehntausend Hungertoten geführt hätte - wären da nicht Amerika und seine Getreidelieferungen, rund zehn Millionen Tonnen im Jahr, gewesen, die freilich mit einigen harschen Auflagen verbunden waren, darunter die Abwertung der Rupie und die Forderung Präsident Johnsons nach der Unterzeichnung eines "grüne Revolution" genannten "Pakets von Sofortmaßnahmen". Dazu gehörte die Einführung "hochertragreicher" Weizen- und Reissorten, die Nobelpreisträger Norman Borlaug und andere (nicht zuletzt im Internationalen Reisforschungsinstitut IRRI in Los Baños bei Manila) entwickelt hatten. Dazu gehörte der großzügige Einsatz von Wasser, von Düngemitteln und Pestiziden. Aufgegeben wurde die seit der Unabhängigkeit 1947 vertretene Meinung, dass die Industrialisierung kräftiger Investitionen bedürfe, die Landwirtschaft sich aber weitgehend von selbst entwickele - solange Fortschritte bei der Bodenreform, der Flurbereinigung und der Abschaffung des "zamindari" genannten Systems von Großgrundbesitzern und Unterverpachtung erzielt würden.

"Wir wollten Ergebnisse, höhere Erträge pro Hektar möglichst rasch", so sagt es ein indischer Wissenschaftler. "Und wir erreichten unser Ziel, weil wir uns auf Gewinner stützten, auf bereits einigermaßen wohlhabende Bauern, auf Gegenden mit Bewässerung, Elektrizität und Straßen." Bei den an der Subsistenzgrenze lebenden Menschen hätte "es zuviel aufzuholen gegeben, wären die Zuwachsraten aufgegessen worden". Der Punjab mit seinen fleißigen Sikhs wurde zum Symbol einer beispiellosen Erfolgsgeschichte, zur Kornkammer in einem armen Subkontinent, den viele im Westen bereits als "hoffnungslos" abgeschrieben hatten. 1973 gab es in Indien mehr Weizen, als konsumiert werden konnte, wurde über den Export zur Entlastung gigantischer Lagerbestände diskutiert. Dank der Wundersaaten und harter Arbeit wurde der Punjab zum reichsten Unionsstaat Indiens mit einem beinahe zehnmal höheren Pro-Kopf-Einkommen als im Landesdurchschnitt. Die durchschnittliche Zuwachsrate der Getreideproduktion zwischen 1952 und 1993 betrug 2,7 Prozent im Jahr, mehr als die Zunahme der Bevölkerung, die sich mehr als verdoppelt hat und heute beinahe 900 Millionen Menschen beträgt.

Sie können ernährt werden, weil die Ernten seit den achtziger Jahren um durchschnittlich mehr als vier Prozent wachsen, vorher waren es nur 2,8 Prozent. Hunger, gar Hungersnot, kommt im Sprachschatz der jüngeren Generation der Stadtbewohner nicht mehr vor. Die Dürren der Jahre 1986 bis 1988 konnten ohne Importe bewältigt werden. Dennoch ist Indiens Erfolg weiterhin in Gefahr. Der Erfolg der "grünen Revolution" könnte dazu beigetragen haben, dass der enorme demographische Druck bis heute vernachlässigt wurde. Die Verfügbarkeit von Getreide pro Kopf der Bevölkerung hat seit den fünfziger Jahren lediglich von 150 Kilogramm auf 175 Kilogramm zugenommen. Kalorienmangel, Unterernährung und damit verbundene Mangelerscheinungen sind weit verbreitet, vor allem in den Dörfern, wo die Mehrzahl der asiatischen Armen, rund eine Milliarde Menschen, lebt. Andererseits lässt wachsender Wohlstand der städtischen Mittelklasse den Bedarf an Getreide - auch für die Produktion von Fleisch und Milch - überproportional stark ansteigen.

Vor allem aber sind an der Jahrtausendwende mehr als eine Milliarde Menschen zu versorgen, muss die Getreideernte von gegenwärtig 180 Millionen Tonnen auf 225 bis 240 Millionen Tonnen gesteigert werden, eine "enorme Herausforderung", sagt der Agrarwissenschaftler M. S. Gill. Er und andere weisen auf den "Hoffnungsschimmer" hin, auf die Möglichkeit, die landwirtschaftliche Produktivität im Osten Indiens, etwa in Westbengalen und Orissa, noch wesentlich zu steigern. In Bihar liege der Wasserspiegel nur einen Meter unter der Erde, in Punjab würden seit 1980 Jahr für Jahr sieben Prozent Zuwachs erzielt, das Potential für Elektrifizierung und Bewässerung sei bei weitem nicht ausgeschöpft. Pro Hektar erzielen hundert Millionen Bauernfamilien in Indien im Durchschnitt zwei Tonnen Reis, in anderen Ländern sind es fünfzehn Tonnen.

"Die grüne Revolution war ein Fehlschlag. Sie hat die genetische Vielfalt der Pflanzen reduziert und sie anfälliger für Schädlinge gemacht. Sie hat zu Bodenerosion und Wasserknappheit geführt, zu geringerer Fruchtbarkeit des Bodens und seiner wachsenden Kontaminierung. Der einheimischen Bevölkerung stehen weniger nahrhafte Getreidesorten zur Verfügung, eine große Zahl von Bauern ist von ihrem Land vertrieben worden. Die Gewinner waren die großen Chemiekonzerne, die Hersteller landwirtschaftlicher Maschinen, die Großgrundbesitzer und die mit dem Bau von Staudämmen befassten Firmen." Das schreibt die indische Ökologin Vandana Shiva. Sie kritisiert, dass alte landwirtschaftliche Traditionen in Indien über den Haufen geworfen wurden, auf "Druck", wie sie meint, von Weltbank und amerikanischen Stiftungen wie Ford und Rockefeller, die in den sechziger Jahren der Ausbreitung der kommunistischen Revolution von China aus eine grüne Revolution hätten entgegensetzen wollen. Wenige andere Fachleute sprechen so harsch über die "imperialistischen Wundersaaten", aber viele, vor allem außerhalb Indiens, urteilen nachdenklich bis skeptisch über die Ernährungssicherheit in Asien nach dem Jahr 2000.

Klaus Lampe, der Leiter des Reisforschungsinstituts bei Manila, spricht von einer "geheimnisvollen Bedrohung: der deutlichen Produktivitätsabnahme in besonders intensiv genutzten Reisgebieten". Das könnte die Stagnation der Ernten zu einem Zeitpunkt bedeuten, da die Bevölkerung noch einmal dramatisch wächst - um eine Milliarde in jeweils zehn Jahren bis zum Jahr 2025. Um die Menschen ausreichend mit Reis ernähren zu können, müssen die Bauern weltweit ihre Produktion um siebzig Prozent steigern.

Diese nächste große Herausforderung wird nicht mit den Methoden der grünen Revolution zu bewältigen sein. Denn bei ihr fallen die Erntezuwächse immer geringer aus, der Grundwasserspiegel sinkt (im Punjab um einen Meter im Jahr), die Bodenerosion erfasst immer größere Flächen. Als großes Problem der hochertragreichen Sorten erweist sich der große Wasserbedarf in der Landwirtschaft, die für den Wunderweizen etwa dreimal soviel Wasser benötigt wie für die traditionellen Sorten. Ein Drittel des künstlich bewässerten Landes in Indien ist durch Versalzung bereits unbrauchbar geworden. Angesichts eines Bevölkerungszuwachses um 590 Millionen auf 1,44 Milliarden Menschen bis zum Jahr 2030, mehr als in China, müsse Indien an eine dramatische Intensivierung der Familienplanung denken, sagen Fachleute. Lampe spricht von einem gordischen Knoten aus Überbevölkerung, Arbeitslosigkeit und einer auf Raubbau basierenden Agrarproduktion in der Dritten Welt.

Indische Bauern verwendeten einstmals an die 30.000 Reissorten, heute werden drei Viertel der Ernten mit weniger als zehn Sorten erzielt. Solche Monokultur birgt große Gefahren, die durch den Treibhauseffekt noch erhöht werden könnten. Eine Veränderung des Niederschlags, hervorgerufen durch globale Erwärmung, könnte große Agrarflächen in China, Indien, Indonesien oder Burma "auslöschen" und Millionen von Menschen zu "ökologischen Flüchtlingen" machen. Das wurde während eines Seminars in Manila gesagt, auf dem auch zu hören war, dass schon ein kleiner Rückgang der Reisernten zu "Massenhunger" führen könnte. Weil das Ackerland weltweit als Folge von Industrialisierung, Häuser- und Straßenbau zurückgeht, muss der gewaltige Zusatzbedarf der nächsten Jahrzehnte an Reis - Grundnahrungsmittel für die Hälfte der Weltbevölkerung und der Mehrheit in Asien - auf immer kleinerer Fläche, mit immer geringeren Zusätzen von Düngemitteln und Pestiziden erzeugt werden. "Regenwald kann man nicht essen", sagt Klaus Lampe. "Gelingt es uns nicht, die Flächenproduktivität zu erhöhen, wird der Regenwald dem Bevölkerungsdruck nicht standhalten können. Durch Industrialisierung, Urbanisierung, Versteppung und Versalzung gehen jährlich mehrere Millionen Hektar landwirtschaftlicher Nutzfläche verloren." Um die neue Herausforderung zu bewältigen, wird eine Pflanze mit neuer genetischer Struktur benötigt, an der bei IRRI in Manila fieberhaft gearbeitet wird. Die Supersorte soll lange Wurzeln haben und eine hohe Widerstandsfähigkeit gegen Schädlinge. Pro bewässertem Hektar soll sie einen Ertrag von 13 bis 15 Tonnen hochwertigen Getreides liefern. Die Frage ist nur, ob die Wissenschaftler von Los Baños den Wettlauf mit der Zeit gewinnen.

Frankfurter Allgemeine Zeitung   28.1.95   Von Erhard Haubold

Reicht der Reis für immer mehr Menschen?
Die Züchter neuer Pflanzen beklagen die mangelnde Unterstützung durch „die Politik"

MANILA, im Januar . Gurdev Khush ist ein bescheidener Wissenschaftler. Sonst wüssten wenigstens die asiatischen Reisesser (mehr als zwei Milliarden Menschen), dass es nicht zuletzt ihm zu verdanken ist, wenn die Reisschüsseln immer noch einigermaßen voll sind - trotz einer Verdoppelung der Bevölkerung in Ländern wie Indien in den letzten dreißig Jahren. Klaus Lampe, der Generaldirektor des Internationalen Reisforschungsinstituts (IRRI) im philippinischen Los Baños, nennt Khush den "besten Reiszüchter der Welt". Der aus dem indischen Punjab stammende Genetiker ist seit 1967 beim IRRI, dem führenden Institut in der Welt, und hat "noch keinen Tag bereut". Schließlich helfe er mit seiner Arbeit den Armen, sagt der 1935 in einem kleinen Dorf geborene Khush, der sich noch genau erinnert, wie es vor der "grünen Revolution" im Punjab aussah: Um zu überleben, mussten die Bauern 16 Stunden am Tag pflügen, säen und bewässern. Wenn sie pro Hektar eine Tonne Reis oder Weizen erzielten, konnten sie froh sein. Heute ernten sie zweimal im Jahr zehn Tonnen pro Hektar, fahren mit dem Traktor und sitzen abends vor dem Fernseher.

In Los Baños haben Khush und seine Mitarbeiter mehr als 300 Sorten Reis gezüchtet. Mit "Wunderpflanzen" wie IR8, IR 36 und IR 64 wurde die für die siebziger Jahre vorausgesagte Hungersnot in Asien verhindert, verdoppelten sich die Erträge in den letzten 25 Jahren überall auf der Welt, sank die Wachstumszeit von 185 auf 110 Tage. Jetzt aber, so der an der University of California promovierte Khush, ist bei ungefähr 10 Tonnen pro Hektar "ein Plateau erreicht, nehmen die Zuwächse ab". Die Herausforderung besteht darin, eine neue Pflanze zu züchten, mit der eine weiter wachsende Bevölkerung in Asien versorgt werden kann.

Lampe weist darauf hin, dass die Thesen Malthus', die demnächst 200 Jahre alt werden, noch keineswegs widerlegt seien. Rund 700 Millionen Menschen hätten nicht genug zu essen, 1200 Kinder in der Welt stürben jede Stunde an Ernährungsmängeln. In den sieben Jahren an der Spitze des IRRI ist Lampe zwar nicht zum Neo-Malthusianer und auch nicht skeptischer geworden. Aber er sagt, dass dringend ein Wissensschub gebraucht werde, dass "wir uns wesentlich schneller bewegen müssen", wenn massenhafte Wanderungen von Flüchtlingen auf der Suche nach Arbeit und Nahrung vermieden werden sollen.

Den Politikern wirft er vor, "dass sie nicht weit genug in das nächste Jahrhundert schauen", in das Leben ihrer Enkel: In den nächsten zehn Jahren dürften in Asien noch einmal mehr als eine halbe Milliarde Menschen die Dörfer verlassen und im industriellen Proletariat enden; im Jahr 2020 könnten in der Welt zum ersten Mal mehr Menschen in den Städten als auf dem Land leben, rechnet Lampe vor, der die Leitung des IRRI demnächst abgeben wird. Als "Hauptereignis" seiner Jahre in Los Baños nennt er den "Superreis", den der Genetiker Khush vor kurzem vorstellen konnte, eine Pflanze, mit der die Erträge um 25 Prozent gesteigert, mit der noch einmal 450 Millionen Menschen ernährt werden können. Allerdings wird es noch rund fünf Jahre dauern, bis der Prototyp marktreif ist. Bevor die Pflanze den Bauern übergeben werden kann, müssen die Wissenschaftler die Resistenz gegen Krankheiten und Schädlinge erhöhen (oft mit Hilfe der Gentechnik) und den Geschmack verbessern. Der "Konstrukteur" Khush hat die Pflanze für das 21. Jahrhundert entworfen: dickerer Stamm, zweimal so viele Reiskörner pro Halm, kräftigere Wurzeln, dicke und kurze Blätter - mit genügend "Luft" für die Photosynthese. Wurden früher 30 Prozent Reis aus der Biomasse gewonnen, so sollen mit dem "Superreis" rund 60 Prozent Reis geerntet werden.

Die neue Pflanze hatte schwierige Bedingungen zu erfüllen: Jede zusätzliche Produktion muss auf der vorhandenen Anbaufläche stattfinden, die wegen Erosion, Industrialisierung und Urbanisierung eher kleiner wird. Überdies muss die Nachfrage nach Reis mit weniger Wasser und weniger Chemikalien (Umweltschutz) befriedigt werden. Für Lampe widerlegt der "Superreis" die Furcht vor dem „Full House" (so der Titel des Buches von Lester Brown), Khush spricht von bis zu 18 Tonnen pro Hektar als theoretisch erzielbarer Höchstmenge. Mit Biotechnik und Biochemie könne man diese Menge noch einmal auf bis zu 25 Tonnen pro Hektar bringen.

"Uns gehen die Ideen nicht aus, aber die finanzielle Luft", so Lampe, der die mangelnde Unterstützung durch die Politik beklagt: für die Agrarforschung werden in der Welt nur 300 Millionen Dollar ausgegeben, nicht einmal ein Zehntel der Investitionen für den neuen Flughafen in Hongkong. Für das IRRI in Los Baños und seine 1500 Mitarbeiter (davon 350 Wissenschaftler) stehen 35 bis 40 Millionen Dollar im Jahr zur Verfügung, von denen Lampe einige Millionen durch "Schnorren" zusammenkratzen muss. Er betrachtet die Aussichten für die Reisversorgung als "ernst, aber nicht hoffnungslos". Der Genetiker Khush glaubt, "dass wir im Jahr 2050 leicht zehn Milliarden Menschen ernähren können - wenn die Regierungen unsere Forschung unterstützen". In seiner Freizeit liest er indische Geschichte.

Westfälische Nachrichten 7.2.95

Neues Getreide soll Lücke schließen
Washington (dpa). Wegen des Wachstums der Weltbevölkerung kann nach Einschätzung eines internationalen Forscherteams nur die Neuzüchtung von Pflanzen die Ernährungslücke schließen. Die Gruppe "CGIAR" hat bei Getreidearten Kreuzungen hervorgebracht, die mehr Nährstoffe liefern und besser gegen Schädlinge geschützt sind. Wie die Gruppe gestern betonte, könne so der zusätzliche Nahrungsmittelbedarf für 700 Millionen Menschen gedeckt werden.

9. 4   Gentechnik

9. 4. 1   Hoffnung Gentechnik

aus: Industrieverband Agrar (Hrsg,): Profil - Magazin der Pflanzenschutz- und Düngemittelindustrie, Heft 1 / 1997

Neue Wege im Pflanzenschutz:
Grüne Gentechnik schafft Nahrung für die Welt
Die landwirtschaftliche Nutzfläche kann kaum mehr ausgedehnt werden, sondern wird eher abnehmen. Was bleibt, um den Hunger der Welt zu stillen, ist, die Erträge auf den vorhandenen Flächen weiter zu steigern. Gentechnik kann dabei ein wichtiges Instrument sein. Gleichzeitig kann sie helfen, die Qualität von Nahrungsmitteln zu verbessern.
Vererbbare Resistenzen gegen Schädlinge
Moderne Methoden der Molekularbiologie erlauben schon heute den gezielten Einbau erwünschter Gene in das Erbgut. Auf diese Weise lassen sich beispielsweise Resistenzgene gegen bestimmte Schädlinge in die Kulturpflanzen integrieren. Bei der herkömmlichen Züchtung kann man dagegen nur eng miteinander verwandte Pflanzen kreuzen, wobei die gesamten Erbanlagen der beiden Ausgangspflanzen vermischt werden. Wenn dabei unerwünschte Eigenschaften übertragen werden, müssen diese erst mühsam durch Rückkreuzung wieder eliminiert werden - ein langwieriger und aufwendiger Prozess.
Beim Gentransfer hingegen kann theoretisch jedes Gen, unabhängig von seinem Ursprung, übertragen werden. Ein weiterer Vorteil ist, dass man nur das gewünschte Gen dem Erbgut der Zielpflanze hinzufügt. Es ergänzt lediglich deren bisherige Eigenschaften und verändert sie nicht. In der Praxis sind die ersten Entwicklungen marktreif.
Mit den Mitteln der Gentechnik können deshalb Resistenzgene auf Hochleistungspflanzen übertragen werden, die sie vor Fraß-Schädlingen, Pilzen, Bakterien, ja sogar vor Viren schützen. Ein Forschungsziel ist es, durch Hinzufügen neuer Gene, Pflanzen zu züchten, die widerstandsfähiger gegen Hitze, Kälte, Wasserknappheit oder Salz im Boden sind als heutige Sorten.
Vorteile für die Kulturpflanzen
Eine zweite Vorgehensweise, die heute schon praktiziert wird, besteht darin, Kulturpflanzen durch ein eingepflanztes Gen gegen bestimmte Herbizide resistent zu machen. Derartige Gene

stammen aus Mikroorganismen, die entweder Herbizide abbauen können oder selbst solche Substanzen produzieren, gegen die sie sich schützen müssen. Sie bauen sie mit einem Enzym ab. So verfährt beispielsweise der Strahlenpilz Streptomyces viridochromogenes. Als Folge der gentechnischen Veränderungen können die resistenten Pflanzen nach Anwendung des Herbizids weiter wachsen, während unerwünschte Wildkräuter, die keine entsprechende Resistenz besitzen, zugrunde gehen. Durch gentechnische Veränderungen kann damit eine Kulturpflanze resistent gegenüber solchen Unkrautbekämpfungsmitteln werden, die aus Sicht des Umweltschutzes über günstige Eigenschaften, z. B. einen schnelleren Abbau, verfügen.

Bessere Qualität durch Gentechnik

Eine dritte Möglichkeit der Gentechnik, zur Verbesserung der Nahrungssituation beizutragen, besteht darin, durch Hinzufügen von Genen, Lebensmittel mit höherer Qualität zu erzeugen. Ein Beispiel dafür sind die Tomaten. An gentechnisch veränderten Tomatenpflanzen können die Früchte ausreifen und trotzdem unbeschadet den Transport überstehen: In den Tomaten wird ein Enzym ausgeschaltet, das sie sonst weich werden lässt. Ähnliches gilt für Kartoffeln, die Stärke einer ganz bestimmten Art erzeugen. Drei Einsatzbereiche, die dasselbe Ziel haben: unsere immer enger werdende Welt und die in ihr lebenden Menschen auch in Zukunft ausreichend mit qualitativ hochwertigen und preisgünstigen Nahrungsmitteln zu versorgen.

Tabelle : **Weltweite Anbauflächen gentechnisch veränderter Pflanzen (insgesamt 1.514.000 Hektar)**

USA	1.204.000 ha	darunter	Sojabohnen	400.000 ha
			Mais	190.000 ha
			Baumwolle	610.000 ha
			Tomaten	4.000 ha
Argentinien	150.000 ha		Sojabohnen	
Kanada	80.000 ha		Raps	
China	80.000 ha		Tabak	

Quelle : IVA

IRRI   - das Reisforschungsinstitut bei Manila (Philippinen) :

aus: "Welternährung" - Zeitung der Deutschen Welthungerhilfe, Nr. 2 / 1995

Bevölkerungswachstum, Genforschung und Superreis
Michael Oesterreich über das Internationale Reisforschungsinstitut auf den Philippinen

Wer Manila Richtung Süden verlässt, erreicht nach etwa 70 Kilometern Los Baños. Warum die Stadt so heißt, wird schnell klar. Unzählige Bäder werben mit ihren heißen Mineralquellen um Kundschaft, mal mondän aufgemacht, mal von der einfacheren Art. Hier am Fuße des 2000 Meter hohen Mont Makiling erstreckt sich der Campus der Universität. Auf dem weitläufigen Gelände befindet sich auch das IRRI, wie das Internationale Reisforschungsinstitut salopp abgekürzt genannt wird. Die Bezeichnung "Institut" führt etwas in die Irre. Denn in Wirklichkeit handelt es sich um eine Forschungseinrichtung mit insgesamt 1500 Beschäftigten und einem Areal von 250 Hektar, auf dem Hunderte von Versuchsfeldern abgeteilt sind.

Chefpflanzenzüchter Dr. Gurdev Khush ist seit dreißig Jahren im IRRI tätig. Befragt nach den Herausforderungen seiner wissenschaftlichen Arbeit antwortet er: "Unsere größte Herausforderung ist die Versorgung der reisessenden Bevölkerung im nächsten Jahrhundert. Bis zum Jahr 2020 müssen 70 Prozent mehr Reis geerntet werden als heute. Und das auf einer landwirtschaftlichen Fläche, die ständig kleiner wird: durch Bevölkerungsdruck, durch Erosion, durch wuchernde Städte, durch den Bau von Fabriken und Straßen."

"Der neue Flughafen von Hongkong kostet etwa 25 Mrd. Dollar. Unser Jahresbudget für Forschung und Ernährungssicherung von 2,5 Milliarden Menschen liegt bei 30 Mio. Dollar." Khush arbeitet mit seinen Wissenschaftlern daran, das Erntepotential von augenblicklich zehn Tonnen auf 12,5 oder 13 Tonnen pro Hektar zu steigern. Nach jahrelanger Forschungsarbeit konnten sie kürzlich auf einer internationalen Pressekonferenz in New York den Prototyp einer solchen Pflanze bereits vorstellen. Es müssen noch weitere Verbesserungen vorgenommen werden, etwa um die Widerstandskraft der Pflanzen gegen Krankheiten zu erhöhen.

Demnächst wird das Keimmaterial anderen nationalen Forschungsinstituten zur Verfügung gestellt, um es dann noch an jeweilige lokale oder regionale Anbaubedingungen anzupassen. "Wenn diese Pflanze in einigen Jahren auf dem Markt sein wird", so Dr. Khush, "dann haben wir unsere 12,5 Tonnen Ertrag pro Hektar unter besten Versuchsbedingungen und unter bestem Management. Für den einzelnen Bauern läuft das dann auf eine Ernte von sechs oder sieben Tonnen statt der augenblicklich fünf Tonnen pro Hektar hinaus." Die Erwartungen sind hoch. Schon jetzt redet die Fachwelt von einem neuen Superreis.

Schon einmal hat das internationale Reisforschungsinstitut Geschichte geschrieben. Mit der Neuformung einer tropischen Reispflanze war es Urheber der sogenannten Grünen Revolution, die sich in den 60er Jahren im Reisanbau in weiten Teilen der Welt vollzog. Traditionelle Reispflanzen sind groß und haben schwache Halme, die leicht brechen, so dass die Körner im Wasser verderben. 1962 bestäubten IRRI-Wissenschaftler eine große, ertragreiche Sorte aus Indonesien mit den Pollen einer niedrigen Reispflanze mit starken Halmen aus China. Vier Jahre später brachte IRRI die Sorte IR 8 heraus.

Diese Forschungen des internationalen Wissenschaftler-Teams am IRRI werden als das größte Experiment zur Ertragssteigerung in der Geschichte des Reisanbaus angesehen. Die neuen Pflanzen waren nur noch 90 Zentimeter hoch und nicht mehr ein Meter achtzig. Die Anzahl der körnertragenden Rispen war von neun auf fünfzehn angewachsen. Zur Reife brauchten sie nicht mehr 180 sondern nur noch 110 Tage. Damit wurden in vielen Gegenden zwei Ernten im Jahr ermöglicht.

Freilich hat es auch herbe Kritik an den ökologischen und sozialen Begleiterscheinungen der Grünen Revolution gegeben. Vielfach wird auch behauptet, die Grüne Revolution sei ein Fehlschlag gewesen. Das freilich lässt Dr. Klaus Lampe, der bis März 1995 sieben Jahre lang Generaldirektor des IRRI in Los Baños war, nicht gelten. Der erste Deutsche in der 30jährigen Geschichte des Instituts rückt die Fakten zurecht: „Ich weiß, dass in Europa und besonders in Deutschland viele Leute über die Grüne Revolution sehr kritisch denken. Aber jeder, der das tut, muss sich überlegen, dass durch diese neuen hochertragreichen Sorten heute etwa 700 bis 800 Millionen Menschen etwas zu essen haben, die sonst in eine leere Reisschüssel gucken würden."

Klaus Lampe leugnet nicht, dass in der Anfangszeit der Pestizidverbrauch für die neuen Sorten sehr hoch war. Dieser neue Reis hatte damals noch nicht jene Resistenz gegen Viren, Pilze und Insekten, wie das mittlerweile der Fall ist. Mit Verbesserungen in dieser Richtung und weiteren Ertragssteigerungen befassten sich die Wissenschaftler am IRRI in der Vergangenheit erfolgreich. So ist die von ihnen gezüchtete Reissorte IR 36 die weltweit am meisten angebaute Sorte einer Kulturpflanze überhaupt.

Um die Reiserträge weiter zu steigern, genügten Veränderungen allerdings nicht mehr. Daher machten sich die IRRI-Forscher an eine grundlegende Neuzüchtung. Als die Reispflanze der Grünen Revolution Mitte der 60er Jahre fertig war, hatten die Wissenschaftler am IRRI im Wesentlichen eines geschafft: Sie hatten das Stroh-/Körnerverhältnis der alten Sorten entscheidend verändert, und zwar zugunsten der Körner.

Bei den alten Landsorten war die Biomasse zu zwei Dritteln auf das Stroh und zu einem Drittel auf die Körner verteilt. Bei der neuen Sorte IR 8 betrug der Körneranteil schon die Hälfte. Bei dem neuen Superreis, der in einigen Jahren verfügbar sein soll, wurden die Relationen noch mal verbessert. "Wir haben den Strohanteil weiter vermindert und die Körnermenge auf 60 Prozent gesteigert", berichtet Dr. Khush.

"Die ganz Armen sind leider zu arm, um sich Reis leisten zu können. Eine Schale Reis pro Tag ist für einige 100 Millionen Menschen noch das erstrebte Ziel. Nicht das Auto, nicht die Reise auf die Bahamas. "

Den Wissenschaftlern war aufgefallen. dass die Reispflanze viele Halme hat, die keine Körner tragen. Das sollte als erstes geändert werden. Halme ohne Rispen sollte die neue Pflanze nicht mehr haben.

Auf der anderen Seite mussten die Rispen nun länger sein, damit mehr Körner hineinpassten. Auch mussten die Halme der neuen Pflanze stärker sein, um die erhofften zwölf oder dreizehn Tonnen pro Hektar auch tragen zu können. Breitere Blätter waren notwendig, um mehr Sonnenlicht einzufangen. Und diese

Blattmasse sollte dann auch noch höher als die Halme sein, um wie ein Sonnenkollektor auf einem Dach das Sonnenlicht aufzufangen, während die körnertragenden Rispen - vor der Sonne geschützt - in den unteren Teil der Pflanze verlagert wurden.

Das IRRI besitzt eine Genbank, in der Keimmaterial von 80.000 Reissorten lagert. Es ist die größte Genbank für eine einzige Kultursorte weltweit. Mit geeigneten Samen aus diesen 80.000 Sorten nahmen die Pflanzenzüchter 50.000 Kreuzungen vor, bis schließlich die Summe aller erforderlichen Eigenschaften in einer neuen Sorte vereint war.

Die Erbanlagen der verschiedenen Pflanzen sind durch herkömmliche Züchtung in dieser neuen Superreissorte vereint worden. Nicht auf technischem Wege, also der Übertragung von Genen der einen auf die andere Pflanze, ein Vorgang, den man auch als *genetic engeneering* bezeichnet. Diese konventionelle Methode hält der Pflanzenzüchter Gurdev Khush für die beste und einfachste. "Wir müssen sie dann anwenden, wenn wir bestimmte Merkmale im Reis haben wollen, die im Keimmaterial von Reis nicht vorhanden sind."

Da gibt es zum Beispiel eine bestimmte Bakterie, Bacteria thuringiensis. Diese Bakterie hat ein Gen, das ein Gift herstellen kann. Für manche Reisschädlinge ist es tödlich. Im Labor versuchen die IRRI-Wissenschaftler nun, dieses Gen aus bacterium thuringiensis in eine Reissorte einzufügen, um sie auf diese Weise widerstandsfähig gegen Insekten zu machen, wie etwa den Stengelbohrer.

So plädiert Gurdev Khush für eine begrenzte Anwendungen der Gen-Technologie, wenn es darum geht, von anderen Quellen bestimmte Merkmale zu bekommen, die im Reis eben nicht anzutreffen sind.

35 Jahre lang besteht das Internationale Reisforschungsinstitut jetzt. Und das ist die Geschichte seiner Entstehung: 1959 trafen sich die beiden Direktoren der Rockefeller- und der Ford-Stiftung zu einem Lunch, wie Amerikaner das oft tun, wenn sie wichtige Dinge besprechen wollen.

Ihr Thema war eine gerade veröffentlichte Studie über zu erwartende Hungerkatastrophen in Asien. Die beiden wollten etwas dagegen tun. Und so haben sie das erste gemeinsame Projekt dieser beiden Stiftungen gegründet. Es entstand 1960 das Internationale Reisforschungsinstitut in Los Baños, 70 Kilometer südlich von Manila.

Seine Forschungsergebnisse stehen anderen Einrichtungen weltweit kostenlos zu wissenschaftlichen Zwecken zur Verfügung. Das IRRI hat einen Jahresetat von dreißig Millionen Dollar, vergleichsweise wenig, wenn man er-

fährt, dass der Bundesstaat Texas in den USA jährlich 170 Millionen Dollar für seine Agrarforschung ausgibt. Die dreißig Millionen für IRRI werden von den beiden genannten Stiftungen und von internationalen Geberorganisationen aufgebracht. Auch die Deutsche Welthungerhilfe hat Projekte finanziert. Im Vordergrund standen dabei Ausbildungsprogramme, die das Institut für Reisbauern aus den Ländern der Dritten Welt anbietet.

Den ersten IRRI-Reissorten in den 60er Jahren folgten bald Dutzende, dann Hunderte von Hochertragssorten. Sie wurden oft in Kooperation mit Wissenschaftlern nationaler Forschungsprogramme gezüchtet. IRRI's Sorten dienten dabei weltweit als Grundlage für die meisten erfolgreichen Neuzüchtungen. Ziel der Züchter ist nicht nur die Ertragssteigerung, sondern auch die umweltverträgliche Reisproduktion in der Zukunft.

Das IRRI hat sich Forschungsziele gesetzt, die früher als utopisch galten, die aber heute im Zeitalter der Gentechnologie realisierbar erscheinen. Klaus Lampe nennt Beispiele: „Wir wollen zum Beispiel einen Reis haben, der mehrjährig ist, der so ähnlich wie eine Quecke Wurzelausläufer hat und sich von selbst vermehrt.

Wenn uns das gelingt, dann braucht der Kleinbauer eben nicht mehr jedes Jahr zu pflügen. Dann braucht er keine Unkrautbekämpfungsmittel mehr, weil der Reis ja praktisch als Bodendecker wirkt. Wir können den Reis, wenn es ein Trockenreis ist, an Hanglagen pflanzen. Damit wirkt der Reis plötzlich als eine Erosionsschutzpflanze und nicht mehr nur als eine Nahrungsmittelpflanze. Wenn wir das Stroh dieses Reises so züchten, dass das Stroh noch grün ist, das Korn aber bereits trocken, dann ist das Stroh bei der Ernte auch noch als Futterpflanze nutzbar."

"Ein Bauer in Asien läuft heute 70 km im Schlamm, um ein Hektar Reisland zu bearbeiten. Seine Kinder werden 70 km in die nächste Stadt laufen."

Das sind keine Hirngespinste. Einen mehrjährigen Reis gibt es bereits. Es ist allerdings ein Wildreis und er wächst in Salzwasser in Sümpfen. Man muss ihm erst beibringen, dass er auch in Süßwasser wächst. Und schließlich muss man ihm beibringen, dass er auch als Trockenreis wächst. All das ist möglich. Das Forschungsprojekt ist bereits angelaufen und wird vom Bundesministerium für wirtschaftliche Zusammenarbeit und Entwicklung finanziert.

Ein anderes Ziel steht bei Pflanzenzüchtern weltweit ganz oben auf der Liste: Die Entwicklung von Kulturpflanzen, die Stickstoff, also ihren Dünger, selbst produzieren. Klee, aber auch Erbsen und Bohnen, sogenannte Leguminosen, können das mit Hilfe von Bodenbakterien. Diese binden den Stickstoff aus der Luft, wandeln ihn chemisch um und stellen ihn der Pflanze als Nährstoff zur Verfügung. Lampe: "Ein solches Forschungsprogramm läuft im Augenblick hier im IRRI an, nachdem wir zehn Tage lang mit den 30 besten Wissenschaftlern der Welt, die sich theoretisch mit diesem Problem beschäftigen, hier zusammengesessen haben. Die haben uns gesagt, der Reis könnte eine gute Pionierpflanze dafür sein.

> „Jedes Jahr gehen acht Millionen Hektar landwirtschaftliche Nutzfläche verloren."

Klaus Lampe schätzt, dass es in fünfzehn Jahren diesen Stickstoff sammelnden Reis geben wird. Der wirtschaftliche Effekt liegt auf der Hand. Für diesen Reis muss der Kleinbauer keinen Dünger mehr kaufen. Schonung auch für das Grundwasser, das weniger mit Stickstoff verschmutzt wird,

"New Frontier-Projekte" heißen am Internationalen Reisforschungsinstitut in Los Baños die Forschungsprogramme, die an völlig neue Grenzen führen sollen, indem die alten überwunden werden.

Da wären die Unkrautgifte. Wenn der Bauer unerwünschte Pflanzen in seinem Reisfeld vernichten will, spritzt er Herbizide. Das ist nicht nur schlecht für die Gesundheit des Bauern und seiner Familie sondern auch für die Umwelt.

Auch hier wollen die IRRI-Forscher zu neuen Ufern. Man kann dem Reis auch die Fähigkeit einbauen, selbst Pflanzenschutzmittel zu produzieren. Zum Beispiel scheidet jede Pflanze gewisse Chemikalien über die Wurzeln aus. Klaus Lampe blickt voller Optimismus in die Zukunft: "Wenn man einer Pflanze beibringt, Chemikalien über die Wurzel auszusenden, die für Unkräuter ein negatives Umfeld bilden, so dass die nicht mehr wachsen, dann haben wir eine Reispflanze, die nicht nur Stickstoff sammelt, sondern die auch ihr Unkrautbekämpfungsmittel selber baut."

9. 4. 2 Signale der Düngemittel- und Pflanzenschutzindustrie

aus: Industrieverband Agrar (Hrsg,)" Nahrung für alle (Broschüre) 1996 (Auszüge)

Düngemittelverbrauch in Entwicklungsländern (in kg Nährstoffe/Hektar Ackerfläche*)

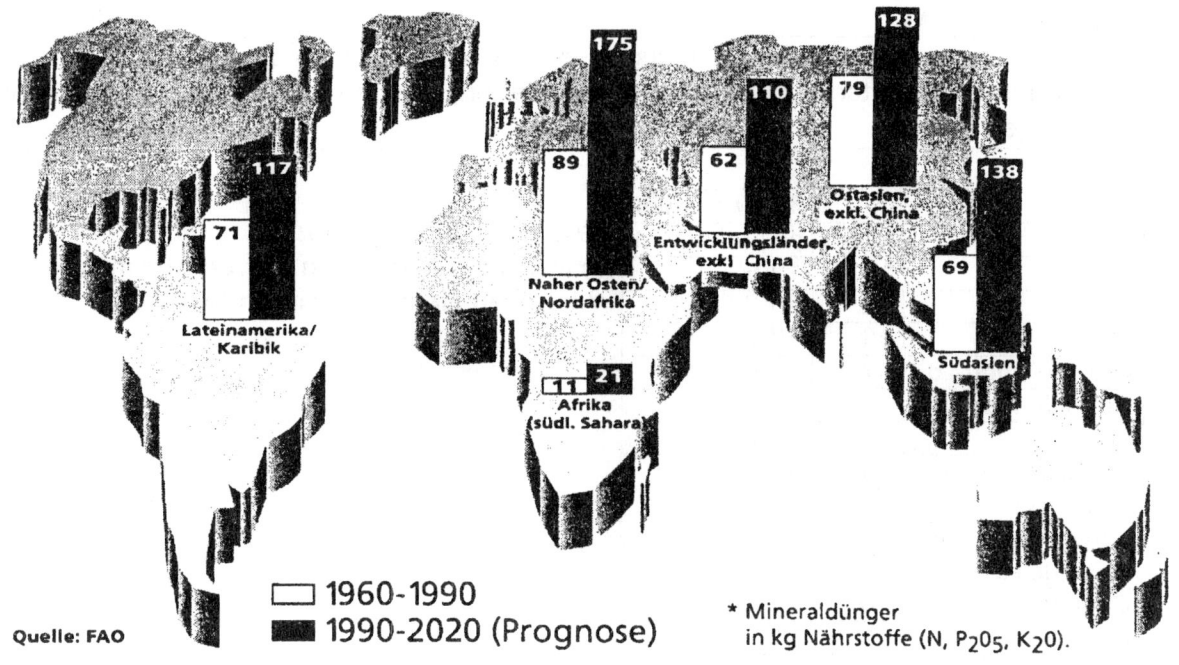

Quelle: FAO

□ 1960-1990
■ 1990-2020 (Prognose)

* Mineraldünger
in kg Nährstoffe (N, P_2O_5, K_2O).

aus: Industrieverband Agrar (Hrsg,)" Nahrung für alle (Broschüre) 1996 (Auszüge)

Jährliche Ernteverluste in Prozent

Prozentuale Ernteverluste bei Kulturpflanzen in Europa und in der Welt durch Krankheiten, Schädlinge und Unkräuter.

	Europa	ohne Behandlung	Welt	ohne Behandlung
Reis	36,1	74,5	54,6	83,2
Weizen	26,5	52,7	35,7	51,9
Roggen	22,6	46,2	29,7	46,5
Mais	24,8	51,9	38,3	59,5

Quelle: Dr. E.C. Oerke, Universität Hannover

Die Wirkung von Pflanzenschutzmaßnahmen wird deutlich, wenn man die Schäden ohne Behandlung betrachtet.

Herbizide schützen vor Erosion

Die Direktsaat ist ein Anbauverfahren, bei dem die neue Kultur ohne vorherige Bodenbearbeitung direkt auf die Stoppeln der Vorkultur gesät wird. Dadurch wird die obere feste Schicht des Bodens mit der organischen Substanz in ihrer Struktur erhalten. Wind- und Wassererosion sowie Verluste an Bodenfeuchte lassen sich damit entscheidend vermindern.

Die Bodenbearbeitung zwischen Ernte und Aussaat dient u.a. der Unkrautbekämpfung. Bei der Direktsaat werden stattdessen Herbizide angewandt. Ohne sie könnte dieses umweltfreundliche Verfahren nicht durchgeführt werden. Bodenkonservierung durch Direktsaat hat auf gefährdeten Standorten in den USA die Erosion um bis zu 95 % reduziert. Das Verfahren wurde auch auf erosionsgefährdete Flächen in Brasilien und Argentinien übertragen und wird nun mit Erfolg in kleinbäuerlichen Strukturen ebenso angewandt wie auf großen Flächen.

Mehr und höherwertige Nahrung

Getreide ist weltweit gesehen die wichtigste Grundlage für die Ernährung der Menschen und für die Tierproduktion. Gegenwärtig liegt der Verbrauch bei rund 1,9 Milliarden Tonnen jährlich. Bis zum Jahr 2020 muss die Erzeugung fast verdoppelt werden, um den wachsenden Bedarf zu decken. Hierzu müssen die Erträge um jährlich circa 2,4 Prozent steigen. Derzeit liegt die Steigerungsrate aber bei nur 1,5 Prozent pro Jahr. Auch die Produktion anderer Nahrungsmittel muss deutlich zunehmen.

> Würde heute jeder Einwohner Chinas 2 Eier pro Woche mehr essen, dann benötigte China die gesamte deutsche Erntemenge von Weizen, Roggen und Körnermais zusätzlich als Hühnerfutter.

	in Mio. t	% Wachstum pro Jahrzehnt
Weizen	103	19,5
Reis	72	20,7
Mais	89	18,7
and. Grobgetreide	57	15,9
Getreide insges.	321	18,7
Soja	82	25,8
Wurzeln, Knollen	99	17,0
Rindfleisch	9	17,3
Schweinefleisch	18	27,3
Schaffleisch	3	30,7
Geflügelfleisch	10	27,0
Fleisch insges.	40	24,5

IFPRI 2020 Schätzung (1995)
Erwartetes Wachstum der Weltnachfrage bei wichtigen Nahrungsmitteln bis 2020

Aus : „Welternährung", Zeitung der Deutschen Welthungerhilfe Nr. 3, 1996 (Ausschnitte)

Anlass zur Hoffnung

Gentechnik kann der Landwirtschaft helfen

Von Elke Jarchow

> Gentechnik gegen Hunger ?

[...] Ein entscheidender Faktor für die Steigerung in der landwirtschaftlichen Produktion ist das Saatgut. Die Fortschritte durch konventionelle Züchtung in den letzten Jahrzehnten, besonders auch durch die Einführung von Hybriden (Mais), die Ertragssteigerungen bis zu 20 % brachten, sind dabei ein wichtiger Bestandteil.

Dies gilt vor allem für Kulturen wie Weizen, Reis und Mais, die 60% des menschlichen Kalorien- und Eiweißbedarfs abdecken. Heute sind sich Wissenschaftler und Praktiker einig, dass die notwendigen ambitiösen Züchtungsziele mit herkömmlichen Methoden nicht mehr erreicht werden können; dies gilt auch und gerade für Entwicklungsländer.

Es zeichnet sich bereits heute ab, dass die Gentechnologie bei der Verbesserung von Saatgut eine entscheidende Rolle spielen wird. Mittels Gentechnik können Kulturpflanzen entwickelt werden, die sich gegen Insekten und Krankheiten wirkungsvoll schützen können. Damit werden Ernteverluste drastisch reduziert, was de facto einem Mehrertrag bei gleichem Ressourceneinsatz entspricht.

Generell werden neue Saatgutentwicklungen über mehrere Jahre hinweg im Freiland getestet. Die unten stehende Übersicht (die sich auf Daten der Publikation von James und A. F. Krattinger, erschienen als ISAA-Brief Nr. 1/1996 stützt) der bis Ende 1995 durchgeführten Freilandversuche und Projektzulassungen ist daher ein guter Indikator für die Schwerpunkte der bisherigen gentechnischen Saatgutentwicklungen und der daran beteiligten Länder.

Im Freiland getestet

Die ersten Freilandversuche mit genetisch veränderten Pflanzen fanden 1986 in den USA und Frankreich statt. Bis Ende 1995 wurden knapp 60 genetisch veränderte Kulturpflanzen in mehr als 3.600 Versuchen getestet. Das waren über 15.000 Einzelexperimente, die in 34 Ländern durchgeführt wurden. 91 % der Versuchsfelder lagen in Industrienationen, acht Prozent in Entwicklungsländern (vornehmlich Südamerika und Karibik) und ein Prozent in Osteuropa. Bei den in Entwicklungsländern getesteten Pflanzen handelt es sich vornehmlich um Material, das nicht in den Ländern selbst, sondern in Industrienationen entwickelt wurde.

Die relativ große Zahl der Freilandversuche in den Ländern Lateinamerikas erklärt sich unter anderem dadurch, dass viele Firmen Winter-Zuchtgärten in diesen Ländern unterhalten. Durch die Verschiebung der Jahreszeiten erlauben Winter-Zuchtgärten zwei Anbauphasen pro Jahr.

Bei den getesteten Pflanzen liegen Kulturen der industrialisierten Länder weit vorne. Die insgesamt 3.647 erfassten Versuche verteilen sich folgendermaßen: 33 % Mais, 21 % Raps und je 11 % mit Kartoffeln und Tomaten. Der Rest verteilt sich hauptsächlich auf Sojabohnen (9 %) und Baumwolle. Auffällig ist, dass sich nur neun Versuche mit Reis beschäftigen, obwohl diese Nahrungspflanze für Asien von immenser Bedeutung ist. Bei den mittels Gentechnik eingeführten Eigenschaften handelt es sich fast ausschließlich um Herbizidtoleranz 35 %, Insektentoleranz 18 %, Virustoleranz 11 % und Produktqualität 20 %.

Eine Ausnahme, nicht nur bei den Entwicklungsländern, macht China. Von den 62 in Asien durchgeführten Versuchen fanden 60 in China statt. Bereits seit 1992 wird in China virusresistenter Tabak kommerziell angebaut. Dieser Tabak bringt Ertragsvorteile von fünf bis sieben Prozent. Gleichzeitig konnten die im Tabakanbau üblichen Spritzungen von Insektiziden von sieben pro Saison auf zwei bis drei reduziert werden. Die Insektizide werden gegen Blattläuse eingesetzt, die Überträger des Virus sind. Schätzungen zufolge wird dieser Tabak bereits auf über 4.7 Millionen Hektar angebaut, was 30 % der chinesischen Anbaufläche für Tabak entspricht; bis zum Jahr 2000 rechnet man mit einer Ausweitung auf 70 %. Seit 1994 werden in China auch virusresistente Tomaten angebaut.

Viele der Saatgutprodukte von Industrieländern, die zwischen 1986 und 1995 noch in der Entwicklungs- und Testphase waren, sind heute auf dem Markt zugelassen oder zur Zulassung angemeldet. Auch hier sind die USA Vorreiter.

1995 wurde das erste genetisch veränderte Saatgut für den Markt zugelassen, das heißt diese Produkte können frei und unbegrenzt angebaut, verkauft und genutzt werden. Inzwischen sind in den USA 20 genetisch veränderte Produkte zugelassen. In Europa werden die Zulassungen bisher sehr zögerlich erteilt. Bis heute gibt es hier kein genetisch verbessertes Saatgutprodukt für die Lebensmittelproduktion, das sowohl für den freien Anbau als auch die uneingeschränkte Nutzung zugelassen ist, obwohl einige dieser Produkte in den USA bereits seit 1995 die entsprechende Genehmigung haben. Acht Produkte sind in Brüssel angemeldet, die Entscheidungen stehen allerdings noch aus.

Genetisch verbesserte Pflanzen bringen große Vorteile für die Landwirtschaft. Beim Maisanbau können durch die neu eingebrachte Toleranz gegen Zünsler ca. 10 % der Ernte gerettet werden, die sonst dem Schädling zum Opfer fallen würden. Auch wenn diese Produkte einen Durchbruch gebracht haben, das Potential der Gentechnik ist sicher noch lange nicht voll ausgeschöpft. Noch ist die Zahl der gentechnisch eingebauten Eigenschaften und die der ihnen zugrunde liegenden Gene relativ begrenzt.

Fehlende Regeln

Sowohl in den industrialisierten Ländern als auch in einigen Entwicklungsländern gibt es gesetzliche Bestimmungen, die den Umgang mit genetisch verbesserten Pflanzen im Freiland und die Marktzulassung dieser Produkte regeln.

Allgemein zeigt sich, dass Freilandversuche, sei es vom privaten oder öffentlichen Sektor, nur dort stattfinden, wo gesetzliche Rahmenbedingungen vorhanden sind. In diesen Bestimmungen sind unter anderem Sicherheitsabklärungen verankert, die gegebenenfalls Versuchsbedingungen, wie zum Beispiel die Isolation der Pflanzen zu Beginn der Testphase, festlegen. Mit Ausnahme von Argentinien, Costa Rica, Chile, Indien, Mexiko und den Philippinen fehlt in den meisten Entwicklungsländern ein entsprechendes Regelwerk.

Da die Zentren biologischer Vielfalt vor allem in den Entwicklungsländern liegen, ist es äußerst wichtig, dass gerade in diesen Ländern das entsprechende Regelwerk geschaffen wird. Gelingt dies den Ländern nicht, wird sich ihr Zugang zu genetisch verbesserten Pflanzen weiter verzögern und die ohnehin schon vorhandene Benachteiligung bei der landwirtschaftlichen Produktion noch weiter zunehmen.

Es liegt aber nicht allein am Fehlen von gesetzlichen Rahmenbedingungen zum Umgang mit genetisch verbesserten Pflanzen, dass Entwicklungsländer heute noch nicht voll von den neuen Saatgutentwicklungen profitieren können. Die bisherigen Entwicklungen in diesem Bereich kommen vor allem aus den Industrienationen. Sie sind folglich auf deren bedeutende Kulturen und Bedürfnisse der landwirtschaftlichen Produktion ausgerichtet.

So ist die Erweiterung der Herbizidresistenz auf Grund der anderen Anbaupraktiken in Entwicklungsländern dort sicher nur von untergeordneter Bedeutung. Andere gentechnisch verbesserte Pflanzen sind teilweise so spezifisch gegen einzelne Schädlinge oder Viren resistent, die in Anbaugebieten der nördlichen Industrienationen vorkommen, dass eine Übertragung der zugehörigen Gene auf Kulturpflanzen der südlichen Hemisphäre nicht unbedingt die gleichen Vorteile bringt.

Zur Zeit liegt bei den am weitesten entwickelten Insektenresistenzen der Schwerpunkt noch auf der Nutzung von Genen des Bodenbakteriums *Bacillus thuringiensis*, kurz Bt. Die Bt-Gene bzw. Eiweiße zeichnen sich besonders durch hohe Insektenspezifität aus. Ein Bt-Eiweiß, das zum Beispiel äußerst wirksam gegen den Hauptschädling im Maisanbau (Maiszünsler) von Industrieregionen ist, hat kaum Bedeutung für Afrika. Dort überwiegen andere Schadinsekten.

Vergleichbar spezifisch sind auch die Entwicklungen zur Virusresistenz. Virusresistenz beruht in den meisten Fällen auf dem Einbau des Genes, das für die Produktion des viralen Hülleiweißes verantwortlich ist. Diese Methode bedingt, dass für bei nicht verwandten Viren jeweils das entsprechende Hülleiweiß-Gen identifiziert und isoliert werden muss. Dies erklärt, warum die Entwicklungen für die Problemanbaugebiete in Entwicklungsländer nicht mit der ursprünglich erhofften Geschwindigkeit kommen.

Heute zeichnet sich bereits ab, dass Entwicklungsländer vermehrt Zugriff auf genetische Saatgutverbesserungen haben. Hierbei spielt die Bereitwilligkeit des privaten Sektors, Technologie und Entwicklungen zur Verfügung zu stellen, eine entscheidende Rolle. Organisationen wie der 'International Service for the Aquisition of Agri-Biotech Applications' (ISAAA) fördern diesen Transfer gentechnologischer Anwendungen im Bereich Landwirtschaft von Industrieländern des Nordens zu Entwicklungsländern. Eines der von ISAAA ins Leben gerufenen Biotechnologie-Transfer-Projekte soll Mexiko helfen, auch ärmeren Landwirten virusresistente Kartoffeln zur Verfügung stellen zu können.

Erste Früchte

Dieses Projekt beruht auf der Zusammenarbeit von mehreren Organisationen und der Firma Monsanto, die das entsprechende Gen bereitstellte. Teil des Projektes sind auch Ausbildung und Sicherheitsfragen. Dass die gemeinsamen Anstrengungen bereits Früchte tragen, zeigen erste Freilandversuche, die in Mexiko durchgeführt wurden.

Ein Beispiel, wie Zusammenarbeit auch direkt zwischen Firmen und Anwendern in Entwicklungsländern funktionieren kann, ist die Entwicklung von insektentolerantem Reis. Die Firma Ciba stellte dies von ihr entwickelte Gen dem Internationalen Reisforschungsinstitut (IM) auf den Philippinen kostenfrei zur Verfügung.

Es handelt sich dabei ihm um das gleiche Bt-Gen, das es dem Mais ermöglicht, sich selbst gegen den Zünsler zu schützen. Dieses Gen wurde in der Eidgenössischen Technischen Hochschule (ETH) Zürich in das Erbgut von Reispflanzen eingebaut.

Heute testet man diese Reispflanzen auf den Philippinen im Gewächshaus, um festzustellen, ob dieses spezielle Bt-Eiweiß ebenso wirksam gegen den Reisstengelbohrer ist. Auch die Forschung macht weitere Fortschritte. So wird in einer kürzlich erschienenen Publikation des Wissenschaftsmagazins Nature berichtet, dass es erstmals gelungen ist, Pflanzen zu entwickeln, die eine erhöhte Trockentoleranz haben.

Dies sind sicher erst Anfänge, aber sie geben Anlass zur Hoffnung, dass das hochgesteckte Ziel, die Nahrungsmittelproduktion bis zum Jahr 2050 zu verdoppeln, doch erreicht werden kann. Entscheidend wird dann sein, inwieweit auch die sozialen und politischen Rahmenbedingungen geschaffen sind, damit auch die Ärmsten unter den Armen davon profitieren können.

Wir müssen uns allerdings davor hüten, in den Industrieländern Probleme der Entwicklungsländer mit der Optik der Satten zu betrachten. So weist der langjährige Leiter des IRRI, Klaus Lampe, darauf hin: Die einem Glaubenskrieg ähnlichen Auseinandersetzungen über das, was man hierzulande (Deutschland) "Genmanipulation" nennt, werden jenseits unserer Grenzen mit Unverständnis beobachtet.

Die zweite Auflage des "Weberaufstandes", so sehr dieser auch auf menschlich verständlichen Grundsätzen beruhen mag, ist im Grunde menschenfeindlich. Er lässt die echten Interessen jener Menschen unberücksichtigt, die zu den ärmsten der Welt gehören, der Menschen auf dem Land in den Ländern der sogenannten Dritten Welt nämlich. Diese sind allerdings unsere direkten Nachbarn und sie werden im kommenden Jahrhundert Westeuropa mit dem gleichen Recht und aus gleicher Not heraus besiedeln wie die Europäer den mittleren Westen Nordamerikas im 19. Jahrhundert.

Wer dies nicht will, muss mithelfen, menschenwürdige Verhältnisse zu schaffen, vor allem in Asien und Afrika, aber auch auf dem lateinamerikanischen Kontinent. Die Forschung kann dazu Wesentliches, vielleicht sogar den entscheidenden Beitrag leisten. Viel Zeit zum Handeln bleibt nicht.

Dr. Elke Jarchow ist Leiterin „Kommunikation Saatgut" bei Ciba-Geigy

Vgl. Tabelle nächste Seite !

Übersicht der bereits zugelassenen genetisch veränderten Kulturpflanzen weltweit

Kulturpflanze	Eigenschaft	Zugelassen in: USA	Kanada	EU	Aust.	Arg.	Mexico	China	Firmen
Mais	Herbizidtoleranz	2	1	-	-	-	-	-	AgrEvo, Pioneer
	Zünslertoleranz	4	2	-	-	-	-	-	Ciba-Geigy, Mycogen, Sandoz, Monsanto
Baumwolle	Herbizidtoleranz	3	-	-	-	-	-	-	Calgene, Dupont, Monsanto
	Insektentoleranz	1	-	-	-	-	1[d]	-	Monsanto
Kartoffel	Insektentoleranz	2	1	-	-	-	1[b]	-	Monsanto
Kürbis	Virustoleranz	1	-	-	-	-		-	Asgrow
Tomate	Fruchtreife	4	-	-	-	-	1	-	Calgene, Zeneca/Peto, DNAP, Agritope
	Virustoleranz	-	-	-	-	-	-	1	nicht bekannt
Raps	Herbizidtoleranz	1	4	1[a]	-	-	1[d]	-	AgrEvo, Monsanto, PGS, Pioneer
	Öl verändert	1	1	-	-	-	-	-	Calgene
Soya	Herbizidtoleranz	1	1	1[b]	-	1	1[c]	-	Monsanto
Flachs	Herbizidtoleranz	-	1	-	-	-	-	-	Univ. Saskatchwan
Papaya	Virustoleranz	1	-	-	-	-	-	-	Hawaii Growers' Association/Cornell University
Chicoree	Herbizidtoleranz	-	-	1[*]	-	-	-	-	Bejo Zaden
Nelken	Haltbarkeit	-	-		1	-	-	-	Florigen
	Blütenfarbe	-	-		1	-	-	-	Florigen
Tabak	Herbizidtoleranz	-	-	1	-	-	-	-	SEITA *
	Virustoleranz	-	-		-	-	-	1	nicht bekannt

Legende: a) Anbau zugelassen für Züchtungszwecke und Saatgutvermehrung, b) Für Import und Nutzung zugelassen, *: Pflanzen werden nicht angebaut, c) Für Import und Nutzung als Futtermittel, d) Nur Import,
Arg. = Argentinien, Aust. = Australien
Quelle: Krattinger / verändert Jarchow

Texte zur Geographie/Gemeinschaftskunde

WELTBEVÖLKERUNG UND WELTERNÄHRUNG

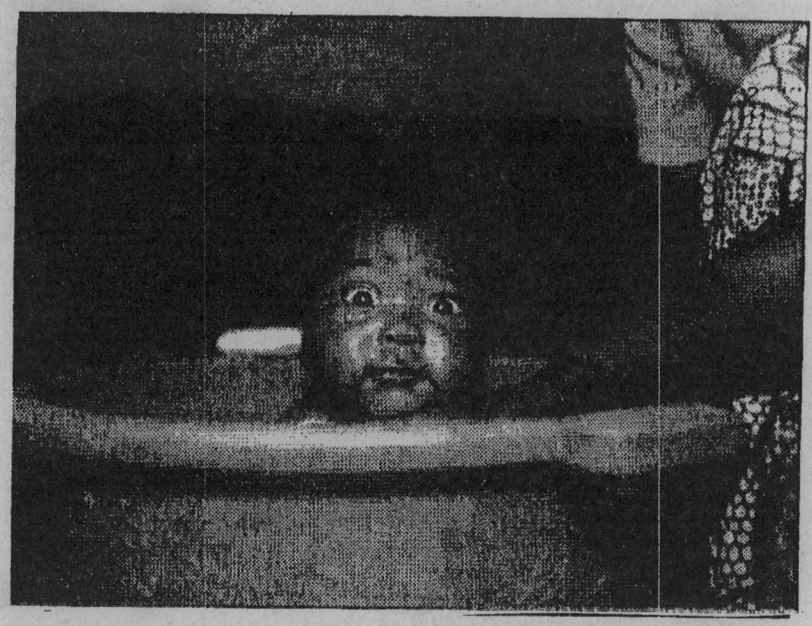

Der 6 000 000 000. Mensch ?

Textsammlung für den Unterricht

Zusammengestellt von Peter Wittkampf

TORO-Verlag
Hamburg
2000

ISBN 3-922 732-98-4